C.A. von Schraishuon

**Das königliche Hoftheater in Stuttgart**

von 1811 bis zur neuren Zeit - nach Erinnerungen

C.A. von Schraishuon

**Das königliche Hoftheater in Stuttgart**
*von 1811 bis zur neuren Zeit - nach Erinnerungen*

ISBN/EAN: 9783743404267

Hergestellt in Europa, USA, Kanada, Australien, Japan

Cover: Foto ©ninafisch / pixelio.de

Manufactured and distributed by brebook publishing software (www.brebook.com)

C.A. von Schraishuon

**Das königliche Hoftheater in Stuttgart**

# Das Königliche Hoftheater in Stuttgart

## von 1811 bis zur neueren Zeit.

### Nach Erinnerungen von C. A. von Schraishuon.

Stuttgart.
Verlag von Emil Müller.
1878.

# Inhalt.

Vorwort.

Die Zeit des Königs Friedrich.

    Königliche Ober-Intendanz.

    Oberdirektion des Freiherrn von Wechmar.

    Direktion der Hofkapelle des Freiherrn von Wächter.

Die Zeit des Königs Wilhelm.

    Direktion des Freiherrn von Wächter.

    Direktion des Hofrath von Lehr.

    Intendanz des Grafen von Leutrum.

    Intendanz des Baron (Grafen) von Taubenheim.

    Intendanz des Freiherrn von Gall.

Neuzeit.

    Schluß.

# Vorwort.

Unter den mannigfachen Genüssen, welche meiner Jugend zu Theil wurden, hat keiner einen so lebhaften und nachhaltigen Eindruck in mir hinterlassen, als der Besuch des Theaters. Ihm verdanke ich zum großen Theil meine Vorliebe für Kunstgebilde jeder Art, für Poesie und schöne Literatur überhaupt; und somit darf ich wohl sagen, daß das so mannigfach angefochtene Theater viel zu meiner allgemeinen Bildung beigetragen hat. Nähere Beziehungen meiner Angehörigen zu einem höher stehenden Beamten bei diesem Institut verschafften mir frühzeitig öftern Eintritt in den Kunsttempel, so daß meine Reminiscenzen sogar bis in's zweite Zehent des Jahrhunderts zurückreichen. Jener Herr nahm mich schon als kleinen Knaben öfters mit in seine Loge, freute sich über mein Entzücken über eine schöne Dekoration oder eine Scene, die mich ansprach und schärfte mein Verständniß durch Erläuterungen, die er mir zu Theil werden ließ.

Diese einleitenden Worte glaube ich vorausschicken zu sollen, gewissermaßen als Ausweis für meine Befähigung zur Veröffentlichung dieser Erinnerungen, die ich völlig parteilos zu schreiben mich bemühen werde.

Die Bühne stand bis 1816 unter einer Ober-Intendanz, gebildet aus dem Staats-, Konferenz- und Finanzminister Grafen von Mandelslohe, dem General-Ober-Hof-Intendanten Grafen von Dillen, dem Minister-Staatssekretär Freiherrn von Vellnagel und dem Geheimen Legationsrath und Ober-bibliothekar von Matthisson. Diese Herren hatten zu viele andere Geschäfte, als daß sie sich um das Detail hätten kümmern können. Diese lagen vielmehr den Freiherren von Wechmar als „Ober-Direktor" und von Wächter als „Direktor der Kapelle" ob. Der erstere hatte als Königlicher Kammerherr zugleich noch die weitere Funktion, den König beim Eintritt in die Loge zu empfangen, den Zettel zu überreichen und, wenn irgend etwas zu berichten war, einen kurzen Rapport zu erstatten. In welcher Weise er aber sonst sein Amt verwaltete, geht aus einem Epigramm hervor, das nach seiner Ernennung zum Schloßhauptmann in Ludwigsburg bekannt wurde und also lautete:

Apollo's Stuhl bestieg von Wechmar;
Der erzürnte Gott aber rief: weg Narr!

König Friedrich überwachte übrigens sein Theater mit eigenen Augen. Der Besuch desselben war neben der Jagd sein höchster Genuß. Er versäumte selten eine Vorstellung, bestimmte die Engagements, nachdem er zuvor selbst sich von den Leistungsfähigkeiten überzeugt hatte, und verfügte gar häufig über Rollenbesetzungen. Sein fein gebildeter Geschmack griff dabei selten fehl; kam es aber doch vor, daß er seine Erwartung nicht erfüllt sah, ließ er dem Betreffenden die übertragene Rolle abnehmen und in andere Hände legen.

Vor Erscheinen des Königs durfte keine Vorstellung beginnen und sein Eintreten in die Loge wurde durch einen Tusch des Orchesters signalisirt, worauf es die Ouvertüre spielte. Zugleich hatten sich die General-Flügeladjutanten, Ordonnanzoffiziere, dienstthuenden Kammerherren, Hofjunker, Leibpagen und Pagen eingefunden und in den für sie reservirten Logen der Hofgalerie, wie damals der erste Rang genannt wurde, Platz genommen. Die Pagen aber schwangen sich auf die Sitze, welche auf dem Baldachin angebracht waren, der sich, weit in den Saal vorspringend, über der königlichen Loge im Centrum befand und erst bei einer Renovation des Zuschauerraums, etwa im Jahr 1826 entfernt wurde. Es war ein gar munteres Völkchen, welches sich auf diesen in die Augen fallenden Sitzen einnistete, dessen Muthwille nur schwer durch die Nähe des Monarchen im Zaum gehalten wurde. Wenn aber doch zuweilen der jugendliche Uebermuth sich Luft machte, so war der beaufsichtigende Offizier nahe bei der Hand, zügelte das Feuer und brachte wohl einen oder den andern der jungen Herren zur Meldung bei General-Major von Beulwitz, dem Kommandeur des Kadettencorps, zu welchem die Pagen wie Leibpagen gehörten, obgleich letztere Offiziersrang hatten. Zuweilen gelangten Klagen bis zum König, namentlich wenn zu befürchten war, daß er selbst etwas bemerkt habe. Dann diktirte dieser selbst die Strafe, die er verhängt wissen wollte; doch fiel diese in der Regel nicht allzu streng aus, denn auch er konnte den hübschen Jungen, denen das gepuderte Haar, das hinten zum Zöpfchen geflochten war, so gut zu den frischen Gesichtern stand, nicht allzu gram sein.

Auf der Hofgalerie sah man nur Leute, welche bei Hofe vorgestellt waren, und es wurde höchsten Orts sehr darauf gesehen, daß von diesen das Theater besucht werde. Daher kam es auch, daß die während des Winters zahlreich in der Residenz lebenden adeligen Familien, sowie die Minister und überhaupt alle höheren Würdenträger ihre Logen oder wenigstens ihre festen Plätze hatten. Dieser Umstand erklärt auch das Aufstehen der Besucher der ersten Galerie beim Erscheinen der königlichen Familie, eine Sitte, die heute noch besteht. Nachdem aber diese Logen und Plätze jetzt Jedermann zugänglich sind, so wäre es ganz logisch richtig, wenn Parterre und die übrigen Galerien sich ebenfalls erheben würden.

Die zwei vorderen Bänke im Parterre gehörten, wie heute noch, dem Militär, doch waren sie stillschweigend in so ferne geschieden, als die erste Reihe die Offiziere der Garde zu Pferd und zu Fuß, sowie die welche zum maison du roi zählten, die zweite aber diejenigen der Linie oder, wie man sich bezeichnend ausdrückte, des jeweils in Stuttgart garnisonirenden „Feldregiments" einnahmen. Interimsröcke gab es damals noch nicht und so waren die Herren stets in vollem Paradeanzug, wobei ein gepudertes Haupthaar nicht fehlen durfte. „Gepudert, tüchtig gepudert" hieß es von oben herunter, wenn man in die Nähe des Königs kam.

König Friedrich saß gewöhnlich in der kleinen Loge, welche sich auch im alten Theater an derselben Stelle wie noch heut zu Tage befand. Er verwandte kein Auge von der Bühne und verfolgte die Vorstellung mit gespannter Aufmerksamkeit. Nichts entging seinem scharfen Kennerblick, und wehe dem Mitglied, das nicht mit ganzer Hingebung bei seiner Rolle war. Tadel und selbst Strafe folgte selbst der kleinsten Nachläßigkeit auf dem Fuße, zuweilen sogar noch während der Vorstellung, und leicht konnte es geschehen, daß ein männliches Mitglied, anstatt nach Hause gehen zu dürfen, wenn der Vorhang gefallen war, auf die Schloßwache zu wandern hatte, die, wie noch lange Zeit hernach, im Parterre des Theatergebäudes sich befand. Wenn nicht etwas ganz Außergewöhnliches sich ereignete, blieb der König bis zum Schlusse des Stücks in seiner Loge. Mit ihm erhob sich zugleich das Publikum; dieses wartete aber vor dem Weggang das nochmalige Aufziehen des Vorhangs ab, um die Verkündigung der nächsten Aufführung zu hören, welche durch einen der Hauptdarsteller zu geschehen hatte, der, mochte er in der Tragödie gestorben oder, wie in Don Juan, zur Hölle gefahren sein, dieser Verpflichtung nachzukommen hatte. Man war daran so sehr gewöhnt, daß Niemand etwas Ungereimtes dabei fand.

Mit dem Beifallspenden hatte es seine ganz besondere Bewandtniß. Den Applaus hatte der König in seinem Theater sich vorbehalten, und Niemand durfte wagen ein Zeichen von sich zu geben ehe er in die Hände klatschte. Dieß war aber zugleich auch das Signal für die Offiziere und die Hofgalerie, bei dem das übrige Publikum sich betheiligen konnte oder nicht! Wenn sich aber auch Einzelne ausschließen mochten, so war die Zahl der Hände, die sich in Bewegung setzten, so groß, daß eine solche Salve erfolgte, mit der jeder Künstler zufrieden sein konnte. Eine Claque konnte es unter diesen Umständen nicht geben, und weil das Beifallszeichen von einem mit feinstem Kunstverständniß begabten Monarchen ausging, so hatte dasselbe auch einen nicht zu unterschätzenden Werth, da Käuflichkeit und Intriguen dadurch gänzlich ausgeschlossen blieben. Sollte eine Leistung ganz besonders ausgezeichnet werden, so ermunterte der König durch wiederholtes Klatschen, das zugleich eine Bewilligung des Hervorrufs war, der aber nur spärlich und meist erst am Schlusse der Vorstellung erfolgte. Dafür hatte der Hervorruf aber auch einen um so höhern Werth und durfte von Jedem, dem diese Auszeichnung zu Theil wurde, in die Reihe seiner großen Erfolge eingezeichnet werden. Die Schattenseite dieser Einrichtung war aber die, daß die Zuschauer in einer Schranke gehalten wurden, welche die Selbstständigkeit der Kundgebung ihrer Ansichten einengte und das Urtheil bevormundete. Ganz besonders empfindlich machte sich diese Beschränkung bemerklich, wenn der König durch äußere Umstände verstimmt, zum Beifallspenden nicht aufgelegt war. Die schweren Sorgen jener kriegerischen Zeiten hatten gar manchmal diese Folge und drückten sich in der ernsten Miene des Monarchen aus. Dann galt es für die Darsteller ihr Aeußerstes in der Kunst zu leisten oder, wenn ein heiteres Stück gegeben wurde, den Witz anzustrengen, um durch irgend ein Impromptu die Wolken auf der Stirne des Herrschers zu zerstreuen und ihm ein Lächeln abzugewinnen. Zuweilen gelang dieß über alles Erwarten und der König klatschte recht lebhaft, wie um das Versäumte wieder einzuholen. Für die heitere Gattung der Darstellungen, Lustspiel, Posse, komisches Singspiel, Zauberoper u. dgl. hatte er eine ganz besondere Vorliebe, und es fehlte deßhalb nie an tüchtigen Komikern, die nicht nur für die damaligen Geldverhältnisse sehr gut bezahlt wurden, sondern auch auf der Bühne eine ungemeine Freiheit genoßen. Von Männern waren es die Herren Döbbelin, aus der berühmten Schauspielerfamilie zu Ende des vorigen Jahrhunderts abstammend, Weberling, Vincenz und später Rhode, den der König aber nur noch als Gast sah. Als dieser sein Engagement antrat, war Friedrich soeben gestorben. Unter den weiblichen Mitgliedern nahm Mad. Josetta den ersten Rang ein. Döbbelin und Weberling wirkten vorzugsweise im Buffofach und zeichnete sich letzterer namentlich als Papageno der Art aus, daß eine bei seinem frühzeitigen Tode erschienene Illustration ihn in dem

Kostüm dieses treuherzigen Naturmenschen, die Maske halb gelüftet, so daß sein Gesicht erkennbar war, an der Himmels=
pforte Einlaß finden ließ. Seinen Fürsprecher bei dem strengen Pförtner machte ein wackerer, angesehener Bürger, der zu gleicher Zeit gestorben war und mit in demselben Fuhrwerk saß, das eine Art von Schlitten vorstellte. Es war gerade Winter, als diese beiden Männer aus dem Leben schieden. Etwas derber als Döbbelin und Weberling war Vincenz, dafür aber ausgerüstet mit einem unversiegbaren Humor, sonorem, außerordentlich modulationsfähigem Organ und einer so drastischen Mimik, daß sein Erscheinen auf den Brettern allgemeine Heiterkeit im Saale verbreitete, der selbst ein Misanthrop nicht widerstehen konnte. Er kannte aber auch seine Macht, die er nicht nur für sich, sondern zuweilen auch für manche hochgestellte Personen ausübte, denen besonders daran lag, die trübe Stimmung des Monarchen verscheucht zu sehen, und es daher an Winken bei dem Komiker nicht fehlen ließen. Wenn Vincenz die Scene betrat, schweifte sein Auge sogleich nach der königlichen Loge hinüber und erkannte im Moment wie es dort aussah. Behutsam ging er mit seinen Lazzi's voran, und erst wenn er merkte, daß sie zu zünden anfingen, legte er los und riß mit dem Gelächter des Pub= likums den König fort. Einmal, als gar nichts verfangen wollte, warf er sich im passenden Momente mißmuthig auf einen Stuhl, sah starr vor sich hin, indem er die Daumen der zusammengelegten Hände um einander drehte. Der König hatte diese Gewohnheit wenn er seinen Gedanken nachhing. „Ich bin heute übler Laune", erwiderte er dem Akteur, der ihn wegen seines sonderbaren Benehmens zur Rede setzen mußte. „Weshalb? Sie haben doch keinen Grund dazu."
„Ich weiß es, aber ich bin eben einmal übelgelaunt." „So

lassen Sie es wenigstens Andere nicht entgelten." „Sie
haben recht und ich will mich auch jetzt zusammennehmen."
Mit diesen Worten stand er auf und warf einen so erbar=
mensvoll flehenden Blick zum König hinauf, daß dieser laut
auflachen mußte und dem wackern Künstler applaudirte. Auch
für sich selbst verstand er es zur rechten Zeit ein Wort zu
sprechen. Als Rochus Pumpernickel, eine seiner besten Rollen,
in der er sogar als Gast in Wien aufzutreten wagte, kam er
immer auf einem Pony angeritten, mit dem er auf der
Scene ein äußerst drolliges Zwiegespräch anzuknüpfen pflegte.
Zu diesem sagte er u. A. einmal, als er den rechten Moment
gekommen glaubte: „Schade daß ich Dich nur im Dienste
reiten darf. Wir verstehen einander so gut, und mein Doktor
hat mir Bewegung zu Pferde sehr dringend verordnet. Nicht
wahr Alterchen, das thut Dir auch leid und Du kämst gern
zu mir, wenn Du Futter bei mir fändest und nur dürftest."
Der König lachte hell auf und Vincenz erhielt am folgenden
Tag ein Dekret in's Haus geschickt, in welchem das dem
Marstall angehörige Thier täglich zu seiner Verfügung ge=
stellt wurde. In den „Schwestern von Prag", in welchen er
den Herrn v. Pappendeckel ganz unübertrefflich spielte, erschien
er in militärischer Uniform, an einem Beine einen Kourier=
stiefel, am andern eine hohe Kamasche. „Aber Euer Gnaden,
wie schauen's denn aus" rief sein Diener, der Schneider
Kakadu bei diesem Anblick aus. „Dummer Kerl," erwiderte
Pappendeckel mit ernster, wichtiger Miene, „weißt Du denn
noch nicht, daß ich Inspekteur der Kavallerie und Infanterie
geworden bin, das muß man mir doch auch ansehen." Ein
homerisches Gelächter, in das der Monarch einstimmte, bewies
daß der Witz gezündet hatte, da kurz zuvor eine derartige
Ernennung erfolgt war. Der Betreffende war selbst im Hause

anwesend und stimmte in die allgemeine Heiterkeit mit ein.
Er konnte auch wohl mitlachen, obgleich er selbst zur Ziel=
scheibe gedient hatte.

Wie weit er gehen dürfe, sollte er jedoch auf eigene
Kosten erfahren. Nur sehr ungern spielte er nämlich ernste
Rollen, weil er wußte, daß sein Erscheinen auf der Bühne,
mochte er sprechen oder schweigen, komisch wirkte. Nun sollte
er einmal in einer Tragödie sagen: „Hebt auf den dunkeln
Schleier." Als er aber sich anschickte dieß zu thun, entstand
allgemeine Heiterkeit, die ihm nicht entging und die in ein
schallendes Gelächter ausartete, als er mit jammervollem
Pathos ausrief: „Hebt auf den trunkenen Schreiber." Diesen
Muthwillen mußte er allerdings mit Arrest auf der Schloß=
wache büßen, blieb aber von da an mit derartigen Partien
verschont. Auch außerhalb der Bühne fand Vincenz Gelegen=
heit seine Späße vor dem König anzubringen; namentlich
wenn dieser in Monrepos oder Freudenthal sein Mittag= oder
Abendessen einnahm. Da erschien er mit einem oder meh=
reren seiner Kollegen unter irgend einer Verkleidung und es
wurde dann, nach vorheriger Anfrage und Genehmigung eine
komische Scene aufgeführt, die auf ein Tagesereigniß Bezug
hatte. So hatten sich u. A. während der Meßzeit in Stutt=
gart einmal wilde Buschmänner produzirt, welche vor dem
erstaunten Publikum ihre Gesänge hören ließen und schließ=
lich rohen Salat und Geflügel zu verspeisen schienen, dem
sie die Hälse umdrehten und mit ihren Messern den Garaus
machten. Auch vor dem König hatten sie sich produziren
dürfen, der ebenfalls sich täuschen ließ; doch bald kam heraus,
daß es schwarzbraun angemalte polnische Juden und ge=
wandte Taschenspieler waren, worauf sie augenblicklich ihren
Laufpaß erhielten. Diese Wilden darstellend fand sich Vincenz

in Begleitung anderer Mitglieder des Hoftheaters, in Trikots von der Farbe der Buschmänner gekleidet in Freudenthal ein, wo sie eine den Vorgang parodirende Scene mit eingewobenem Dialog aufführten, in welchem die Leichtgläubigkeit der Dupirten scharf mitgenommen wurde. Obgleich der König selbst sich hatte täuschen lassen, so lachte er doch herzlich über die Darstellung, denn Friedrich liebte treffenden Witz, selbst wenn er etwas beißend war. Auch das größere Publikum bekam die Späße des unverwüstlichen Humoristen außerhalb des Theaters zu kosten. Die Gelegenheit hiezu bot sich in den Abendgesellschaften, die er besuchte, zumeist im Gasthaus zum König von England, in dessen Räumen jetzt der königliche Kreisgerichtshof seinen Sitz hat. Damals war dort der Rendezvousplatz der fashionabeln Herrenwelt, von der ein Theil sich rasch um den Tisch sammelte, an welchem Vincenz sich niederzulassen pflegte und alle Anwesenden durch seine gute Laune unterhielt. Gar schlau verstand er es aber auch das Nützliche mit dem Angenehmen zu verbinden, indem er seiner Frau, zweiter Ehe, die eine sehr geschickte Modistin war, in ihrem Verkaufslokal häufig zur Seite stand und dadurch manchen Kunden anzog. Namentlich war dieß zur Zeit der Messe der Fall, die früher hier von den angesehensten Firmen bezogen und während ihrer Dauer von der vornehmen und reichen Welt, zu gewissen Stunden als Spazierplatz besucht wurde. Da konnte man ihn in der Bude seiner Gattin sehen, wo er in drolliger Weise Nähertretenden alle möglichen Artikel explicirte und anpries. Daß manches Geschäft dabei gemacht wurde, läßt sich denken. Man darf wohl sagen, daß er sehr wesentlich mit dazu beitrug ein Geschäft emporzubringen, das noch Jahrzehnte nach seinem Tode unter der Leitung seiner Wittwe blühte. Er selbst starb in nicht hohem Alter im Jahre 1818.

In ihrer Art ebenbürtig war Madame Josetta, ein Original, wie es sich nicht gar zu häufig auf der Bühne findet. Ganz Ausgezeichnetes leistete sie als derbe komische Alte, ein Fach, das sie eigenthümlicher Weise schon als junges Mädchen spielte und zwar nicht etwa deshalb, weil Mangel an körperlichen Reizen sie dazu genöthigt hätte. Im Gegentheil: sie muß sehr schön gewesen sein, denn sonst hätte der treffliche Maler Hetsch sie sicher nicht als Venus zum Modell genommen. Aber dieses Fach sagte ihr zu und sie besaß Selbstverläugnung genug mit Verzicht auf äußeren Schimmer sich Runzeln auf Stirne und Wangen in einem Alter zu malen, in welchem ihr Geschlecht meist nicht genug Weiß und Roth auftragen zu können meint. Auch sie genoß weitgehende Vorrechte auf der Bühne, die ein paar Beispiele für viele illustriren mögen. In dem Lustspiel „Cäsario" erschien sie mit einer Trompete über die Schulter gehängt. Auf Befragen, wie sie zu diesem Instrumente komme, erwiederte sie: „es gehört meinem Mann, der ist Hoftromp- und Feldpeter de la cour. Ehe er die Erbsenpassage hören läßt, kriegt Niemand im Schlosse etwas zu essen. Er ist also eine sehr gern gesehene Person bei Hof." Jeden Mittag um 1 Uhr hatte ein Trompeter, der von der Garde du Corps zum Hoftrompeter ernannt worden, im Schloßhof zur Tafel zu blasen. Wegen der rollenden Töne der Fanfare, die vorzutragen war, nannte man sie die Erbsenpassage, die mit der damaligen einfachen Trompete, ohne chromatische Vorrichtung, von der man noch nichts wußte, ein nicht zu verachtendes Kunststück war. Der König lachte herzlich über die Persiflage. Ja, er ließ es der Künstlerin auch hingehen, als sie in

Männerkleidung in einer Maske erschien, die ihm so täuschend ähnlich sah, daß man frappirt sich umschaute, ob der Monarch in seiner Loge sitze oder nicht auf den Brettern stehe. Sie trug den langen Ueberrock, darunter die weit über den starken Leib herabfallende Weste, das zurückgestrichene, gepuderte Kopfhaar mit Zopf, das dreieckige Hütchen und in der Hand hielt sie den hohen Stock, kurz sie war das leibhafte Conterfei des Monarchen, wie man ihn sah, wenn er in Civil erschien. Der König nahm den Scherz gnädig auf und die Künstlerin sah sich durch großen Applaus für ihr kühnes Unterfangen belohnt, das sie allerdings schwerlich gewagt haben würde, wenn sie nicht zum Voraus gewußt hätte, daß sie nichts dabei riskire.

Wie sehr aber auch die heitere Gattung von Darstellungen protegirt wurde, so sah sich Schauspiel und Tragödie darüber doch nicht vernachlässigt und Künstler von großer Bedeutung waren dabei angestellt. Zunächst tritt uns Eßlair entgegen, der im Heldenfach bis jetzt noch von keinem deutschen Darsteller übertroffen worden ist, zu welchem ihn die Natur durch eine prächtige Gestalt und ein kräftiges und unendlich sympathisches Organ gewissermaßen geschaffen zu haben schien. Ueber seine Bedeutung in der Kunstwelt ist so Vieles veröffentlicht worden, daß nichts Neues hinzuzufügen wäre, weshalb es genügt, einige spezielle Rückerinnerungen an ihn anzuführen. Ganz unvergeßlich bleibt er allen, die ihn sahen als Tell, Götz von Berlichingen, Graf Wetter vom Strahl im „Käthchen von Heilbronn" und Karl in den „Räubern", welche Rolle er aber erst zu Ende seines hiesigen Wirkens zu spielen Gelegenheit fand. Dieses Stück war lange Jahre vom hiesigen Repertoire ausgeschlossen geblieben, und erst als es unter König Wilhelm freigegeben wurde, durfte Eßlair es zu seinem Benefiz wählen. Das Haus wurde damals so ausverkauft, daß das Orchester geräumt werden mußte und an jenem Abend 900 Gulden eingingen, eine für jene Zeit enorme Einnahme in Betracht der damaligen Preise der Plätze, von denen selbst die des ersten Rangs den Betrag von 1 Gulden 12 Kreuzer nicht überschritten. Auch im bürgerlichen Drama bleibt Eßlair unübertroffen, wie unter Anderem als Unbekannter in Kotzebue's „Menschenhaß und Reue", Kriegsrath Dallner in Iffland's „Dienstpflicht", in welcher Rolle er durch ein Abwehren mit dem Taschentuch seinen ungerathenen Sohn auf Mark erschütternde Weise aus seiner Nähe verbannte, und als Präsident in „Kabale und Liebe," wobei er Gelegenheit fand, die ganze Noblesse seiner Erscheinung zum Ausdruck zu bringen. Wie tief er aber auch zu rühren verstand, bewies er in demselben Stück, in welchem er wegen Anwesenheit eines Gastes, der den Präsidenten spielte, den Kammerdiener übernahm und in dessen Episode mit einem nach oben gerichteten Blick und den mit ergreifendem Ton gesprochenen Worten: „legt's zu dem Uebrigen", als er die ihm gereichte Börse auf den Tisch der Lady Milford deponirte, einen ungeheuern Beifallssturm erregte. Seine Willfährigkeit in Uebernahme von Rollen ging aber nur bis an die Grenzen, innerhalb welcher er seinen Künstlerruhm nicht gefährdet sah. So weigerte er sich entschieden, in dem damals sehr beliebten Drama „Der Hund des Aubry oder der Wald bei Bondy" aufzutreten. Er erklärte, mit keinem Hunde spielen und mit diesem den Beifall theilen zu wollen. Das Stück wurde deshalb auch nie hier gegeben, obgleich es der König gewünscht hatte. Er gab dem großen Mimen Recht und damit war die Sache abgethan. Dasselbe Stück veranlaßte bekanntlich Göthe's Rücktritt von der Intendanz des Weimarer Theaters, das er als einer Hofbühne unwürdig bezeichnete.

Eßlair liebte es, seine Rollen in freier Natur zu memoriren und dazu hatte er sich die kleine Insel am See des obern Schloßgartens ausersehen, die damals durch einen Steg zugänglich war und unter deren Bäumen sich eine Ruhebank befand. Dort brachte er manche Morgenstunde ungestört und unbelauscht zu, denn bei der damals noch so kleinen Einwohnerzahl von Stuttgart sah man um diese Stunde nur selten Spaziergänger an dieser Stelle. Natürlich konnte dies nur zur Sommerzeit geschehen, allein es wurde ja das ganze Jahr hindurch gespielt und zwar hier und auswärts, da der Hof von Mai bis August in Ludwigsburg sich befand. Außer dem im dortigen Schloß befindlichen niedlichen Theater, wo nur kleinere Stücke gegeben werden konnten, war noch ein größeres im Schloßgarten für Opernvorstellungen vorhanden. Selbst Monrepos und Freudenthal hatten ihre Theatergebäude, die aber alle längst nicht mehr existiren. Das Künstlerpersonal wurde dann in Hofwägen Mittags hier abgeholt und Nachts wieder nach Hause gebracht. Doch, um nach dieser Abschweifung nochmals auf unsern Kunstheroen zurückzukommen, so sei bemerkt, daß er auch als Regisseur thätig war und in dieser Sphäre des Wirkens seine eminente geistige Begabung bethätigte. Er stellte hohe Anforderungen und zeigte sich unermüdlich, so daß er fast täglich im Theater zu thun hatte und man ihn so ziemlich jeden Mittag aus dem Schauspielhause über die Königsstraße seiner Wohnung in der Eberhardsstraße zuschreiten sah, das edle Gesicht meist hoch geröthet von der Aufregung in den Proben. Daß aber auch der genialste Kopf einen Mißgriff machen kann, zeigte sich bei einer Vorstellung von „Wallenstein's Lager", in welcher er den Wachtmeister spielte. Als Regisseur wollte er den Versuch machen, das Reiterlied am Schluß des Stücks von Schauspielern mit Chor vierstimmig singen zu lassen. Es mißlang dies aber derart, daß er ganz außer sich gerieth und mit den Worten: „Sind wir an einem Hoftheater oder an einer Winkelbühne!" seine Absicht aufgab und zu dem Einzel= vortrag mit abschließendem Chor zurückkehrte. Er vermochte aber seinen Aerger darüber lange nicht zu überwinden.

Finanzielle Gründe mögen wohl die Hauptveranlassung gewesen sein, welche Eßlair die Lösung seines hiesigen Kon= trakts wünschenswerth machten. Die erbetene Entlassung wurde ihm gewährt, worauf er nach München übersiedelte, wo er noch 1836 in einem Cyklus seiner auserlesensten Rollen von der dortigen Hofbühne seinen Abschied nahm. Schon damals war er nur noch ein Schatten von dem, was er einst ge= wesen; aber das dankbare Publikum beklatschte ihn doch an den Stellen, an welchen er ehemals Begeisterung erweckt hatte und an denen sich, trotz der Kräfteabnahme, der Löwe von ehemals bemerkbar machte.

Später hörte man nur noch von seinem Auftreten auf Provinzialbühnen, bis nicht gar lange hernach der Tod diesem kümmerlichen Treiben ein Ende machte, zu welchem er durch seine unaufhörlichen Finanzverlegenheiten, seinem großen Namen zum Nachtheil, sich gezwungen sah, obgleich er keine unbe= deutende königliche Pension bezog. Das Geheimniß, ob er wirklich ein Abkömmling der gräflichen Familie Khevenhüller war, wie das Gerücht ging, hat er mit in's Grab genommen; doch deuten mancherlei Umstände darauf hin, daß er von adeliger Geburt war. Damals war es noch allgemein üblich, daß mit dem Betreten der Bretter das adelige Prädikat ab= gelegt und ein beliebiger Name angenommen wurde. Heut zu

Tage ist es anders, da wimmelt es mit Herren von, Frau von und Fräuleins von So und So, selbst auf den Zetteln der Sommertheater.

Wenn auch die übrigen Mitglieder des hiesigen Schauspielerpersonals nicht auf gleicher Höhe mit Eßlair standen, so waren doch alle Fächer mit tüchtigen Kräften besetzt, die sich auch auswärts einen geachteten Namen zu verschaffen wußten, wie Lembert als gesetzter Liebhaber, ein fein gebildeter Mann, der auch in der Theaterliteratur sich hervorthat und später an das Burgtheater in Wien überging. Der treffliche Pauli, in Väterrollen ausgezeichnet und durch sein einfaches, natürliches Spiel besonders in den damals so beliebten Iffland'schen Stücken hervorragend. Bei seiner Pensionirung erhielt er die Civilverdienstmedaille verliehen, eine Auszeichnung, die vor ihm noch keinem Mitglied des Theaters zu Theil geworden. Mevius als eleganter jugendlicher Liebhaber. Auch er war ein Adeliger, ehemals Offizier, der unter diesem Pseudonym sein Talent verwerthete. Er starb jung; seine Wittwe, ebenfalls Schauspielerin, lebt aber noch als Pensionärin. Weiter noch die Herren Gehlhaar, Miedke, Gnauth und Maurer, auf die theilweise speziell zurückzukommen ist, da sie noch in späterer Periode in Thätigkeit waren.

Unter den Damen ragten ganz besonders hervor Mme. Aschenbrenner, die geistvolle, weltgewandte Mme. Brede, Mme. Leibnitz, Mme. Gehlhaar, Mme. Eßlair, Mme. Korsinsky, Mme. Miedke und die mit unvergänglicher Jugend ausgestattete Mlle.* Marconi.

---

\* Die damals üblichen Bezeichnungen werden absichtlich beibehalten.

Die Oper hatte ebenfalls bedeutende Kunstgrößen aufzuweisen. Sehen wir uns zuerst im Orchester um, so finden wir an der Spitze desselben Konradin Kreutzer, den Komponisten des „Nachtlager in Granada", das aber erst lange nach seinem Weggang von hier entstand. Ihm folgte Hummel, der Schöpfer so vieler Sonaten. Als ausgezeichneter Klavierspieler dirigirte er an diesem Instrumente, das vor ihm im Orchester stand. Damit begleitete er in manchen Opern das Recitativo secco, das heute noch in Italien im Schwunge ist und half nach, wenn je ein Sänger schwankte. Nach seinem Abgang erhielt der Concertmeister und Chordirektor Sutor diese Stelle, ebenfalls ein Name von gutem Klang. Im Orchester saßen mehrere bedeutende Künstler, unter denen die Herren von Hampeln für die Violine, Kraft für Violoncell, Romberg für Fagott, Krüger für die Flöte und die Gebrüder Schunke für das Waldhorn den ersten Rang einnahmen. Mehrere Nachkommen der drei letzteren zählen zu den geschätztesten Mitgliedern der heutigen Kapelle. Unter den Sängern glänzten Sterne erster Größe; als Tenore die Herren Krebs und Löhle, der von hier nach München ging, wo er aber noch ziemlich jung starb; als Bassisten, der unverwüstliche Pillwitz, der feingeschulte Häser und vorübergehend Fischer, der berühmtere Sohn jenes Fischer, für welchen Mozart seinen Osmin und Sarastro schrieb. Von Damen Mme. Fischer=Vernier, Mme. Lembert, Mme. Einike, als Zerline in Don Juan von keiner spätern Sängerin übertroffen, Mlle. Fischer, die aber wegen ihrer Vermählung mit einem Edelmann frühzeitig der öffentlichen Ausübung der Kunst entsagte und nur noch auf dem Landsitz ihres Gemahls, unweit von Stuttgart, die Freunde des Hauses durch ihre seelenvollen Vorträge entzückte. Auch Mme. Müller verdient Erwähnung als eine Specialität im recitirenden Gesang, durch welchen sie, nach ihrem Abgang von der Bühne, noch Jahrelang in den Lamentationen in der katholischen Kirche während der Osterwoche sich auszeichnete. In ihren jüngern Jahren that sie sich namentlich dadurch hervor, daß sie als Königin der Nacht in der „Zauberflöte", die beiden Staccato-Arien in der von Mozart vorgeschriebenen Tonart mit vollendeter Bravour sang.

Die obengenannten Herren, Krebs und Pillwitz verdienen ihrer wahrhaft phänomenalen Stimmen, sowie Häser seiner vollendeten Technik wegen, noch eine etwas eingehendere Besprechung. Krebs, den man eher für einen Bassisten als Tenoristen gehalten hätte, wenn man ihn sprechen hörte, gebot über ein Register von 2½ Octaven in Brusttönen. Dadurch wurde es ihm aber auch möglich in dem kurzen Zeitraum von sechs Wochen in der „Zauberflöte" den Tamino und den Sarastro zu singen, eine Leistung, welche gewiß einzig in ihrer Art dasteht. Seine hohe Meisterschaft bekundete er ganz besonders in den Recitativen, welche in den älteren Opern eine weit höhere Bedeutung als in den Kompositionen der Neuzeit hatten. Von imponirendem Eindruck war das breite Portamento, bei welchem kein Vokal anders tönte als er lautete und keine Sylbe, viel weniger ein Wort, verloren ging. Daher war auch das Hauptfeld seiner Thätigkeit die heroische Oper, in welcher er namentlich als „Achilles" von Paer in der Titelrolle, als Licinius in der „Vestalin" und „Ferdinand Cortez", von Spontini ganz Hervorragendes leistete. Daß er aber auch als lyrischer Sänger großen Eindruck machte, bewies sein Tamino, Don Ottavio in „Don Juan," Titus, Belmonte in der „Entführung aus dem Serail" und so manchen anderen Opern dieser

Gattung. In seinen spätern Jahren, als er jüngern Kräften weichen mußte, glänzte er noch immer im Kirchengesang, an dem er neben Mme. Müller ruhmreich mitwirkte. Im Theater bekleidete er die wichtige Stelle eines Opernregisseurs, als welcher er nicht sowohl durch das scenische Arrangement als durch sein Einwirken auf den Gesangsvortrag der Mitglieder einen bedeutenden Einfluß übte. Alle Mängel und alle unschönen Ausschreitungen verstand er streng zu überwachen. Diesem Amte stand er bis ins hohe Alter vor und ertheilte daneben Gesangsunterricht, nicht des Gewinnes wegen, denn diesen hatte er seiner glücklichen finanziellen Verhältnisse halber nicht zu suchen, auch hatte er für keine Nachkommenschaft zu sorgen, da diese seiner Ehe die Natur versagt hatte, sondern aus reiner Liebe zur Musik und aus Thätigkeitstrieb. Sein Name lebt aber dennoch in der Kunstwelt durch den besonders in Hamburg und Dresden gefeierten Kapellmeister Krebs, und dessen Tochter, die Klaviervirtuosin Mary fort, welch ersteren er als Sohn adoptirt hatte, nachdem dessen Mutter, die obengenannte Schauspielerin Mme. Miedke, die Geburt dieses Kindes mit dem Leben hatte bezahlen müssen. Als Stuhlmeister der Freimaurerloge Wilhelm zur aufgehenden Sonne, nahm er von deren Begründung an eine einflußreiche Stelle ein.

Der Bassist Pillwitz imponirte durch sein gewaltiges Organ. Wenn er als Sarastro in der „Zauberflöte", Osmin in der „Entführung aus dem Serail", Priester im „unterbrochenen Opferfest" von Winter, Telasco in „Ferdinand Cortez", seines Basses Grundgewalt ertönen ließ, vibrirte der Boden unter den Füßen der neben ihm Stehenden, und wenn er mit vollem Brustton eine Kadenz vom Tenor-F bis in's tiefe D zum Besten gab, konnte man nur staunen über das Volumen einer Stimme, die ohne alle Anstrengung, einer mächtigen Quelle gleich, aus der Kehle strömte. Dieser großen Naturgabe ungeachtet hielt Pillwitz streng darauf jeden Morgen Skalen und Solfeggien zu singen; dabei konnte er stundenlang in seinem Zimmer auf= und abgehen und dazu, um seine Hände nicht müßig zu lassen, sich Strümpfe stricken. „Die Skala putzt den Hals aus und erhält die Stimme rein" pflegte er zu sagen, und er hatte recht. Häser's Künstlerruhm gründete sich nicht auf außerge= wöhnliche Stimmmittel, obgleich auch er über ein bedeuten= des Register gebot, als vielmehr auf seine durch die alt= italienische Schule zu höchster Vollendung ausgebildete Technik und die für einen Bassisten außergewöhnliche Biegsamkeit des Organs. Mit diesen Vorzügen ausgestattet wurde es ihm möglich Passagen zu singen, die einer Koloratursängerin alle Ehre gemacht hätten. Davon legte er namentlich in den „Schwestern von Prag" eine wahrhaft staunenswerthe Probe ab, indem er, als Frau verkleidet, eine Bravourarie für Sopran, mit Kopfstimme meisterhaft vollendet vortrug und vom Mordente bis zur chromatischen Tonleiter und dem Triller eine Primadonna nachahmte, wie man sie nicht besser wünschen kann. Dabei war er aber auch ein sehr guter Darsteller sowohl im Feinkomischen, wie im heroischen Fach. Sein Seneschall in „Johann von Paris" ist sicher Jedem unvergeßlich geblieben, der ihn als solchen gesehen hat, und noch kein Darsteller dieser Rolle hat es gewagt, die im französ= sischen Text dieser Oper so bezeichnende Phrase auf den Brettern nachzusprechen; c'est un original, qui ne se dés= origenalisera jamais de son originalité original. Es sind dieß die Worte, womit der verblüffte Höfling seinem Unmuth Luft macht, den die über sein Fassungsvermögen hinausgehende Keckheit des vermeintlichen Bürgers, gegenüber einer Prinzessin, seiner Gebieterin in ihm erweckt, und welche Entrüstung er wohl in etikettemäßigen Schranken zu halten, aber nicht ganz zu unterdrücken vermag. Man versuche einmal zwischen deutschem Dialog diesen schwierigen Satz korrekt und ohne anzustoßen öffentlich, mit klar vernehmbarer Stimme und zwar mehrmals und mit nuancirtem Ton, je nach der Situation nachzusprechen, und man wird leicht die ungemeine Schwierigkeit erkennen, die dieß verursacht. Nicht minder hervorragend als in dieser chargirten Rolle, war Häser als Don Juan, und es ist nicht übertrieben, wenn ihm der Nachruhm zuerkannt wird, daß er als Darsteller, in Stuttgart wenigstens, unübertroffen bleibt. Sein feines, edles Gesicht, die Gewandtheit und Noblesse seiner Aktion und das Tiefinnerliche seines Gesangs riß nicht nur Zerline, sondern das ganze Publikum mit sich fort. Man begriff weshalb selbst die strenge Donna Anna im Stillen für ihn glühte und Elvira ihn nicht vergessen konnte. Dieser Don Juan war eben trotz seiner Frivolität, ein Alle bestrickender Mensch. Don Juan ist bekanntlich eine Baritonpartie und kann deßhalb nur von einem Bassisten gesungen werden, der über genügende Höhe gebietet; das eigentliche Feld für die tiefe Stimmlage sind die Rollen des Kommandeurs, Leporello und Masetto; so kam es, daß man Häser auch in diesen Partien zu hören bekommen konnte. Mit allem Rechte durfte er daher in der Arie des Leporello im ersten Akt die Worte einlegen: „soll bald Herr, bald Diener sein". Wie tief er zu rühren verstand, zeigte er unter anderen in dem Singspiel „Rataplan, der kleine Tambour" von Pillwitz, in welchem er in der schön komponirten Arie: „Seit jenem Sturme sind es nun," in einfach deklamatorischem Vortrag erzählte, wie er zu seinem Schützling gekommen und in eben solcher Weise von ihm

Abschied nahm, um ihn seinen Eltern zurückzugeben. Gar mancher Sänger hat nach ihm diese Nummern wohl mit klangreicherer Stimme vorgetragen, als sie Häser damals noch zu Gebot stand, aber keiner hat so tief gepackt wie er, indem er aus gar vielen Augen Thränen lockte. Diese eminente Virtuosität gestattete ihm selbst bis in's hohe Alter in der Oper thätig zu bleiben, die übrigens nicht sein ausschließliches Feld war, indem er auch im Drama ganz Anerkennenswerthes leistete und mannigfache Verwendung fand.

Die Oper erfreute sich der ganz besonderen Gunst des Königs, dessen Aufmerksamkeit dafür so sehr in's Detail sich erstreckte, daß er eines Tages den Kapellmeister auffordern ließ, dahin zu wirken, daß die Violinisten gleichförmig mit den Bögen auf- und abfahren sollten, da ja alle die gleichen Noten spielten. Auf die Bemerkung, daß diese Gleichförmigkeit nicht durchführbar sei, wurde natürlich die Sache fallen gelassen. Wie umfassend aber das Opernrepertoir damals war, ist daraus ersichtlich, daß bei einer nöthig gewordenen Abänderung dem König eine Liste von 80 Vorstellungen zur Auswahl vorgelegt werden konnte. Die Scenerie war allerdings bei den meisten sehr einfach, doch fehlte es auch nicht an solchen, bei denen das Auge nicht zu kurz kam, wie die damals noch ziemlich jugendfrische „Zauberflöte," die lange Zeit scenisch vernachlässigt war und erst später etwas mehr ausgestattet wurde; die „Zauberinsel" von Zumsteg, „Palmyra" von Salieri, mit brillanten Dekorationen und in der sogar Dromedare aus der königlichen Menagerie auf der Bühne erschienen. „Achilles" von Paer mit pompösem Leichenzug bei der Bestattung des Patroklus, zu welchem der Meister einen Todtenmarsch komponirt hat, der dem spätern von Beethoven kaum nachsteht, lange Zeit bei jeder militärischen

Beerdigung gespielt wurde und heute noch der Wiedererweckung empfohlen zu werden verdient. Ferner die „Vestalin" und „Ferdinand Cortez" von Spontini. Letztere Oper wurde mit ganz besonderer Vorliebe zu Festvorstellungen, namentlich bei Freitheatern benützt, die damals bei allen freudigen Ereignissen stattfanden. Es figurirten dabei eine Unzahl von Statisten zu Fuß und zu Pferd, und bei der Erstürmung von Mexico durch die Spanier, wurde viel Pulver verschossen und auf der Bühne hin- und hergeritten. Mit ganz besonderem Glanz wurde diese Oper, laut Tradition, während der Anwesenheit Napoleon's I. in Ludwigsburg und zwar in Monrepos gegeben, wo sich nach Hinaufziehen des Hinterprospekts eine Aussicht auf die brennende Stadt Mexico eröffnete, welche von den Indianern vertheidigt, von den Spaniern aber erstürmt wurde, wozu ganze Bataillone, Escadronen und Batterien als Statisten verwendet waren. In Gegenwart des welterobernden Kaisers und angesichts des ausbrechenden Krieges im Jahre 1809 gewährte ein Schauspiel dieser Art einen Reiz, den es jetzt nicht mehr in dem Maße zu üben vermöchte.

Das reichhaltige Opernrepertoir enthielt die Werke aller bedeutenden Componisten damaliger Zeit. Mozart, Spontini, Winter wurden schon genannt; außer diesen waren es: Gluck (Armida, Iphigenia, Orpheus und Eurydice); Weigl (die Schweizerfamilie, das Labyrinth, das Waisenhaus); Cimarosa (die heimliche Ehe); Martin (der Baum der Diana, Lilla); Paisiello (die schöne Müllerin); Salieri (Axur, Palmyra); Fioravanti (die Sängerinnen auf dem Lande); Paer (Sargino, der lustige Schuster); Mehul (Joseph und seine Brüder; seine Jagdsymphonie wurde in Koncerten gespielt). Dalayrac (die beiden Savoyarden, zwei Worte): Grétry

(Richard Löwenherz, Blaubart, Zemire und Azor); Isouard (Aschenbrödel, das Landhaus am Walde); Cherubini (Graf Armand, Medea, Ludoiska); Dittersdorf (Doktor und Apotheker, das rothe Käppchen); Wranitzki (Oberon): Boieldieu (Kalif von Bagdad, der neue Gutsherr, Rothkäppchen, Johann von Paris; dessen Weiße Frau ist weit spätern Datums und gleich der vorgenannten Oper noch auf dem Repertoir); Zingarelli (Romeo und Julie); Berton (Aline, Königin von Golkonda). Ein Versuch mit Aline dürfte sich bei jeder Bühne lohnen, die über eine Sängerin verfügt, die diese Rolle nicht nur singen, sondern auch spielen kann. Aehnlich verhält es sich mit der Operette „Fanchon das Leiermädchen" von Himmel. Nicht alles Alte veraltet; zuweilen bedarf es nur einiger verbessernder Nachhilfe. Noch eine Menge Namen von Komponisten wäre aufzuzählen, deren Werke gegeben wurden, was aber zu weit führen würde; doch soll Wenzel Müller deshalb nicht übergangen werden, weil dessen frische und heitere Weisen auch die heutige Generation noch in „Alpenkönig und Menschenfeind", „Schwestern von Prag" u. s. w. erfreuen. Sehr beliebt waren ehemals die sogenannten Zauberopern wie „das Donauweibchen" 1. und 2. Theil, „der Teufelsstein", „das neue Sonntagskind", „die Teufelsmühle am Wienerberg", „das Sonnenfest der Brahminen", zu welchen großentheils Müller die Musik geschrieben hat. Meistens wurden diese an Sonntagen gegeben und machten immer volle Häuser.

Die Sonntage kamen aber nicht ausschließlich der Oper zu gut, sondern das Schauspiel hatte auch seinen Antheil. „Götz von Berlichingen", „Egmont", „Wilhelm Tell", „Wallenstein", die ganze Trilogie, „Fiesco", „Braut von Messina", übten eine allgemeine Anziehungskraft aus, die man in der Jetztzeit nicht mehr in dem Grabe findet. Ganz besonders beliebt waren aber die Ritterstücke von Kotzebue, „Johanna von Montfaucon", „die Kreuzfahrer", sodann „Fridolin oder der Gang nach dem Eisenhammer" von Treischke, „das Käthchen von Heilbronn", in der Bearbeitung von Holbein nach Kleist, und viele andere mehr.

Die größeren Stücke wurden alle im Opernhaus, so nannte man das jetzige Gebäude, die kleineren im kleinen Theater gegeben, das auf der Stelle stand, welche jetzt der Königsbau einnimmt. Später, bis zu seinem Abbruch, hieß dieser Bau Redoutensaal, in den er umgewandelt worden war, und wurden zugleich darin die Konzerte gegeben, und zwar bis zu einer Zeit, die noch nicht gar lange hinter uns liegt. Vorzugsweise wurde dieses „kleine Theater" zu Lustspielen benützt und nur vorübergehend mußte man sich auf kürzere Zeit mit diesem allein begnügen. Es war dieß der Fall während eines Umbaus im Jahr 1811, wodurch der große, nur Parterre und eine Galerie enthaltende Saal, wie ihn Herzog Karl im Jahre 1750 hatte herstellen lassen, in einen Schauspielsaal mit Parterre und vier Galerien umgewandelt wurde. In dieser Gestalt blieb er bis zur Mitte der Vierziger Jahre bestehen, in welchen eine Umwandlung des ganzen Gebäudes, Außen wie Innen, stattfand. Bis dahin blieben auch die großartigen Souterrains, mit den imposanten Säulengängen und Hallen aus jener Epoche erhalten, in der dieses Gebäude als Lusthaus zu Tournieren, Banketten und anderen Festivitäten verwendet worden war. Selbst die Freitreppe gegen den Eingang in den königlichen Schloßgarten war bis dahin stehen geblieben.

Vorstellungen fanden statt am Sonntag, Montag, Mittwoch und Freitag; ihr Anfang war aber in viel früherer

Stunde als jetzt und zwar um 5 Uhr, das Ende entsprechend um halb, spätestens gegen 8 Uhr. Um diese Stunde speiste König Friedrich zu Nacht, deshalb mußte auch die Vorstellung um diese Zeit aus sein. Es ließ sich das wohl einrichten, da bei Tragödien die Regie für genügende Kürzung sorgte und man damals nur Opern von 3 Akten kannte, die in der Regel nicht über 2½ Stunden dauerten. Natürlich war es im Sommer noch ganz hell, wenn das Publikum das Haus verließ und daher kam es, daß, statt nach Hause zu gehen, die schöne Welt bis zu eintretender Dämmerung auf dem Schloßplatz, der Planie und später im Schloß= garten promeniren ging. Es war dieß ein sehr belebtes aber äußerst harmloses Treiben, das für Vieles Ersatz leisten mußte, da öffentliche Gärten selten und Musiken in denselben nicht zu finden waren. Produktionen von Militärkapellen kannte man nicht, und höchstens an Sonntagen ließ sich der Stadtzinkenist mit etwa 6—8 Mann seiner Leute auf der Silberburg hören, die damals noch öffentlicher Garten war. Winters beeilte man sich heim zu kommen um nicht mit der Polizei in Konflikt zu gerathen, da nach eingebrochener völliger Dunkelheit und vollends gar nach dem Zapfenstreich um 8 Uhr Niemand ohne Laterne sich auf der Straße blicken lassen durfte. Damen wurden große Laternen von dienender Hand vorausgetragen. Einzelne Herren leuchteten sich selbst vermittelst kleiner, runder im Jahr 1814 von Wien impor= tirter sogenannter Kongreßlaternen. Wer damit nicht ver= sehen war, mußte miethweise Jemand mitnehmen, was nicht schwer fiel, da das Heimleuchten als Industriezweig aus= gebeutet wurde. Namentlich unterm Theater fand sich ein Schwarm von Leuten dieser Art, männlichen und besonders weiblichen Geschlechts ein, die gleich den jetzigen Dienstmännern auf Engagirtwerden mit ihren Leuchtapparaten warteten. Daß die Sittlichkeit dadurch gefördert worden wäre, soll damit nicht behauptet werden; dem Buchstaben der Verordnung mußte aber genügt werden. Nur die Offiziere im Dienst, also wenn sie Schärpen trugen, waren davon ausgenommen; außerdem mußten sie eben auch mit Laternchen sich versehen. Niemand erlaubte sich gegen diese unbequeme Maßregel des gestrengen Polizeichefs öffentlich zu remonstriren, nur Vincenz wagte eine Persiflage derselben, indem er sich in der Rolle des Pappendeckel von ein paar Dutzend Knaben mit Laternen nach Hause begleiten ließ, die zur Hälfte vor ihm, zur Hälfte hinter ihm einherschreiten mußten „um g'wiß in keine Ung'legenheit z'kommen", wie er Kakadu zur Antwort gab, der ihn dieses Luxus wegen zur Rede stellte. Glücklicherweise hatte aber auch dieses Extemporiren für den beliebten Komiker keine unangenehmen Folgen. Der König lachte und damit war Alles gewonnen; außerdem hätte ihm leicht ein Arrest auf der Schloßwache blühen können, ein Lokal, mit dem namentlich Schauspieler, wie schon oben angedeutet worden, manchfach Bekanntschaft machten. Wenn sich irgend einer derselben ein leichteres Uebersehen hatte zu Schulden kommen lassen, konnte es passiren, daß er über Nacht, oder wohl auch auf einige Tage dahin vom König kondemmnirt wurde. Daß es dann während dieser Zeit in dem Wachelokal lustig und flott herging, läßt sich wohl denken. Auch Offiziere wurden wegen kleiner Uebertretungen von Vorschriften dahin geschickt, so daß es in dem verhältnißmäßig engen Raum zuweilen völlig an Platz fehlte. Ja, es traf sich einmal so, daß der Wachekommandant dienstliche Meldung machte, daß er nicht wisse, wohin er seine Arrestanten setzen solle. Darauf erhielt er aber nur die Resolution: die

Offiziere im Dienst sollen auf ihre Stühle, die Arrestanten stehen oder auf den Boden sitzen. Erstere waren es deren drei: ein Hauptmann, ein Lieutenant von der Garde zu Fuß und ein Lieutenant von der Garde zu Pferd, da auch Reiterschildwachen am Eingang zum Schloßhof standen. Zu diesen dreien kam Abends noch der Offizier von der Theaterwache, so daß diese schon nahezu den ganzen Raum des Lokals für sich brauchten. Wie es unter diesen Umständen in demselben herging, wenn Arrestanten dazu kamen, läßt sich leicht denken. Doch mußte man sich, wegen der Nähe gerade des Flügels des Schlosses, welchen König Friedrich bewohnte, in Acht nehmen. Er hatte sein Auge überall und trat persönlich sehr energisch auf, wenn ihn etwas inkommodirte. So war einmal Freitheater und eine große Menschenmenge vor den Thüren des Theaters, die, bis dieselben geöffnet wurden, sehr laut sich vernehmlich machte. Plötzlich erschien der König auf dem Balkon des Schlosses und rief mit weittönender Stimme hinunter: „Hauptmann von der Wache!" Dieser hatte der Vorschrift gemäß, bei Ansammlung einer großen Menschenmenge seine Mannschaft unter's Gewehr treten lassen und verfügte sich, dem Rufe folgend unter den Balkon und erwartete, die Hand an die Bärenmütze gelegt, das Weitere, was folgen werde. „Schaffen Sie da unten Ruhe und Ordnung," erklang es von Oben. „Sehr wohl, Euere Majestät", versetzte der Kapitän und befahl die Thüren des Theaters zu öffnen, die noch immer geschlossen waren, als einziges Mittel dem hohen Befehl nachzukommen. Innen waren aber die Vorkehrungen, die Menge, durch zweckmäßig aufgestellte Schildwachen hindurch, allmälig einzulassen noch nicht vollendet, was Sache des Offiziers der Theaterwache war. Dieser stand vielmehr noch mit einigen seiner Leute auf dem Vorplatz und wurde nun durch die unaufhaltsam einbrechende Menschenfluth auf die dahinter befindliche Treppe zurückgeworfen. Ein Widerstand wäre unmöglich gewesen. Außen wurde es dadurch ruhiger, nachdem Luft geschafft worden war; dagegen ging es im Innern des Gebäudes um so toller zu. Zunächst wurde das Parterre erstürmt, wobei die Vordersten von den Nachdrängenden bis zum Orchester förmlich hineingeschleudert wurden. In wenigen Minuten war das Haus von Oben bis Unten voll, mit Ausnahme der Hofgalerie und der Offiziersbänke, die abgesperrt und für geladene Gäste reservirt waren. Dieses Vorspiel gewährte einen eigenthümlichen, wenngleich nichts weniger als angenehmen Eindruck. Die Offiziere vom Dienst waren aber froh, daß der Auftritt nicht schlimmer abgelaufen war, der ihnen leicht Arrest, wenn nicht gar einen kurzen Aufenthalt auf dem Asperg hätte eintragen können. Dieser Ort war übrigens damals durchaus nicht so gefürchtet als vordem und nachher, da gar Viele dessen unfreiwillige Bekanntschaft zu machen hatten. „Wen der Herr lieb hat, den züchtigt er" hieß es damals und gar Manche, welche ein rascher Befehl dahin geschickt hatte, verließen denselben, auf irgend eine Weise reichlich entschädigt, wieder. Wenn der König zur Einsicht gelangte, daß sein rasches Temperament Jemand Unrecht zugefügt hatte, so verstand er es auch dieß auf die feinste Weise wieder gut zu machen, denn sein Herz war groß und edel. Viele seiner Handlungen liefern Beweise hiefür, und wer ihn nicht mit dem Maßstab der Jetztzeit mißt und den Verhältnissen von damals Rechnung trägt, wird diesem Urtheile beistimmen.

Der letzte große Kunstgenuß, welcher König Friedrich zu Theil wurde, war ein Koncert der unvergleichlichen Catalani,

Friedrich hatte sie während des Kongresses in Wien im Jahre 1814 gehört und zu einem Besuche in Stuttgart eingeladen. Auf ihrer in den zwei nächstfolgenden Jahren unternommenen Kunstreise kam sie auch der huldvollen Aufforderung nach; da sie aber nur italienisch sang, konnte von einer Opernvorstellung keine Rede sein und es mußte beim Koncert bewenden bleiben, das im Theater stattfand. Trotz der für jene Zeit fabelhaft hohen Preise — unter einem Kronenthaler war kein Billet zu bekommen — war doch das Haus ausverkauft und der Enthusiasmus ein unbegrenzter. Als die majestätische Gestalt die Bühne betrat und sich gegen die königliche Loge verneigte, erhob sich der König und begrüßte die berühmte Künstlerin mit jener ächt fürstlichen Anmuth, die ihm trotz seiner Korpulenz mit Leichtigkeit zu Gebot stand, und die alle Personen, denen ein solcher Gruß zu Theil wurde, für ihn elektrisirte. Sodann klatschte er ihr Beifall, der einen brausenden Wiederhall im Saale fand. Dieß wiederholte sich bei allen Nummern, die sie vortrug und als die Signora am Schlusse des Abends ihr berühmtes God save the king vortrug, worin sie bis jetzt noch von keiner andern Sängerin erreicht wurde, brauste ein wahrer Sturm durch das Haus und die Künstlerin wurde beim Weggehen des Monarchen wieder durch eine ebenso huldvolle Begrüßung geehrt. Der hohe Ertrag des Koncerts wurde noch durch ein Geschenk des Königs ansehnlich erhöht.

Unmittelbar darauf erkrankte der König Friedrich und starb nach kurzem Leiden am 30. Oktober 1816. Das Theater wurde in Folge der darauf eingetretenen Landestrauer auf mehrere Monate geschlossen.

Daß unter den angeführten Verhältnissen von einer Besprechung des Theaters nicht die Rede sein konnte, ist klar, selbst wenn es auch nicht an einem Organ hiezu gefehlt hätte. Weder die „Stuttgarter Hofzeitung" noch der „Schwäbische Merkur," die zwei einzigen hier erscheinenden Tagesblätter, hätten Referate darüber aufgenommen. Erst viele Jahre hernach, etwa 1825, gründete der unternehmende Buchhändler W. Frankh die „Stadtpost" welche Stadtneuigkeiten und Theaterkritiken brachte. Die Aufnahme jedoch, welche das Blatt fand, war eine getheilte. Namentlich in Künstlerkreisen zeigte sich ein gewisser Widerwille gegen dasselbe, weil nicht Alles und Jeder gelobt werden konnte, und diejenigen, welche sich mit dergleichen Referaten befaßten, wurden heftig angefeindet, ja selbst gröblich insultirt und sogar mißhandelt. Zwei Fälle machten ganz besondern Eklat und mögen deshalb hier, dem Zeitlauf vorauseilend, eine Stelle finden.

Der Privatsekretär eines Ministers war leidenschaftlicher Theaterfreund und Besucher, zugleich auch Schöngeist und Dichter. Seine Federgewandtheit veranlaßte ihn hie und da über das Theater zu schreiben, was ihm die Feindschaft namentlich eines Bühnenmitglieds zuzog, das er scharf getadelt hatte. Dasselbe beschloß sich zu rächen, wozu ihm die Darstellung des Vaudevilles „Das Dorf im Gebirge" erwünschte Gelegenheit bot. Zum Verständniß der Sache ist zu bemerken, daß dieser Sekretär rothe Haare hatte und — Adam hieß. Wenigstens mag er hier so benannt werden. In diesem Stück fällt es dem Gutsherrn ein, die Schule während des Unterrichts zu besuchen und mit den Knaben eine Art von Prüfung anzustellen. Zuerst läßt er sie etwas singen und dann von dem Schulmeister Fragen an sie stellen. Diese fallen im Ganzen befriedigend aus, bis er an den letzten, einen entsetzlich häßlichen Bengel mit rothen Haaren, Sommersprossen und stupidem Gesichtsausdruck kommt, der ganz verkehrte Antworten gibt, so daß der Gutsherr ganz ärgerlich ausruft: „Genug des Unsinns! wie heißt denn der dumme Junge?" „Adam heißt er" versetzte der Schulmeister, den jener getadelte Künstler spielte. „Es ist nichts an ihn hinzubringen; aber so dumm er ist, besitzt er doch einen großen Eigendünkel, bildet sich ein, alles besser zu wissen und nimmt sich heraus Andere zu bekriteln." „Laß' dir dieß nicht wieder einfallen, sonst setzt es Stockstrafe," sagte der Gutsherr und befahl das ABC hersagen zu lassen, was durch den bekannten Canonartigen Chor geschah. Sekretär Adam befand sich im Theater, in der Loge des Ministers; man kann sich daher vorstellen, welche Sensation dieser Auftritt im Saale erregte. Am folgenden Tage lief begreiflicherweise bei der Direktion von Seite Adam's eine Klage ein und die Schuldigen wurden disciplinarisch gestraft. Doch kamen sie durch den Umstand ziemlich gelind weg, weil der Familienname des Klägers ein Vorname war, was sie zu ihren Gunsten geltend zu machen nicht unterließen. Zugleich hatten sie aber auch ihren Zweck erreicht, indem Adam keine Theaterkritiken mehr schrieb und Stuttgart bald darauf verließ. Viel ernsterer Art war ein späterer Vorfall. Der bekannte Belletrist Ludwig Storch, der hieher gezogen war, fing an regelmäßig Theaterkritiken zu veröffentlichen, in denen er zuweilen strengen Tadel aussprach, Vergleichungen anstellte und rivalisirender Eifersucht entgegentrat. Dieß verdroß zwei männliche Mitglieder, die sich ganz besonders ungerecht beurtheilt und verglichen glaubten, so sehr, daß sie dem Verfasser aufs Zimmer rückten, denselben zur Rede stellten und schließlich thätlich mißhandelten. Storch klagte bei der zuständigen Behörde und die beiden Attentäter wurden zu einer vierwöchigen Freiheitsstrafe auf dem Asperg verurtheilt. Im Publikum

herrschte großer Unwille über diese Brutalität, der sich in
manchfacher Weise Luft machte, im Gespräche wie in der
Presse, in welcher nachstehendes Epigramm erschien:

### Antikritik.
#### Eine Fabel.

„Es stritten um den Vorzug ihrer Stimmen
Die Nachtigall, der Affe und der Bär.
Der letztre fing vor Wuth an zu ergrimmen;
Da flog vom nahen Thurm ein Storch daher,
Er hoffte, daß die Wahrheit sie versöhne,
Allein der Affe wies ihm seine Zähne."

„„„Ich hört euch singen"", sprach er, „„laßt das Streiten,
Ihr singt nach eurer Art, ein jeder gut.
D'rum laßt Euch nicht durch Neid zum Haß verleiten,
Denn Haß und Zwietracht setzt nur böses Blut,
Paßt auf, ich will euch nach Verdienst lociren
Und eure Kunst ästhetisch kritisiren.""

„„„Dir Nachtigall gehört vor allen Dingen
Der erste Preis, damit stimmt Jeder ein,
Der nur ein Ohr hat, denn in deinem Singen
Ist Stimm' und Kunst im lieblichsten Verein.
Du Bär, kannst uns als Bär auch Freude machen,
Doch sanften Sang verbietet dir dein Rachen.""

„„„Du Affe unterhältst durch deine Sprünge,
Doch Nachtigallenstimme hast du nicht.
D'rum rath ich, Freundchen, dir, in Zukunft ringe
Nicht nach dem Kranz, den ihr der Kenner flicht;
Bleib hübsch in deiner angemeßnen Sphäre,
Dann erntest du stets Beifall, Ruhm und Ehre.""

„Die Nachtigall sang fröhlich ihre Lieder,
Der Affe schreit, der Bär brummt überlaut:
„„Wart' Storch, du kritisirst sobald nicht wieder,
Du büß'st dein Urtheil jetzt mit deiner Haut!""

Und — wie sich's denken läßt von rohen Thieren
Begannen sie zu antikritisiren."
„Der Storch, fast flügellahm, hängt seine Schwingen,
Doch werden jene deßhalb besser singen?"
Die natürliche Frage, wie denn eigentlich kritisirt werden
solle? beantwortete ein anderes Epigramm.

### Der Kritiker und der Schauspieler.
#### Erster Kritiker.
Ein Künstler wie Herr X. ist gar nicht zu bezahlen,
Entzückend ist sein Spiel, die Stellung ist zum Malen;
Die Mimik wundervoll und gar nicht zu erreichen;
Ein Heros ist Herr X., es gibt nicht seines Gleichen."
#### Schauspieler X.
„Der Mann versteht die Kunst, sein Urtheil ist erprobt,
Doch hätt' ich wohl verdient, daß er mich mehr gelobt."
#### Zweiter Kritiker.
„Herr X. hat viel Talent, ist fleißig, spielt gewandt,
Doch Heros hätten wir ihn nimmermehr genannt."
#### Schauspieler X.
„Persönlich feind ist mir der Kerl, der Pasquillant."

Die Zeiten haben sich geändert, die Empfindlichkeit der Künstler ist aber im siebenten Dezennium wie im zweiten die gleiche geblieben, was manche Feder vom Gebiet der Kunstkritik ferne hält.

Nach Wiedereröffnung der Bühne im Jahr 1817 wurde der Beginn der Vorstellungen auf 6 Uhr anberaumt. Die gar zu frühe Stunde paßte nicht mehr für die Zeitverhältnisse, auch war bei Hof die Mittagstafel auf 5 Uhr verlegt worden. Zugleich wurden zweimonatliche Ferien festgesetzt, während welchen das Theater geschlossen bleiben sollte. Damit fielen aber auch die Urlaubsbewilligungen an einzelne Mitglieder weg, weil das Personal stets komplett bleiben sollte.

An der Spitze der Bühnenleitung stand jetzt Baron von Wächter, mit dem Titel als Direktor. Faktisch hatte er diese Stelle schon zuvor eingenommen, wenn auch seine Machtbefugniß eine beschränktere gewesen war. Das Vertrauen welches ihm aber König Wilhelm schenkte, rechtfertigte er in einer Weise, wie sie nicht idealer gedacht werden kann. Jeder Zoll ein echter Kavalier, verband er mit den feinsten Manieren eine Liebenswürdigkeit des Benehmens und eine humane Behandlung seiner Untergebenen, die ihre Herzen gewann, so daß sie alle für ihn durch's Feuer gegangen wären; eine glückliche Stimmung, die er im Interesse des Dienstes trefflich auszubeuten verstand, indem er niemals mit Renitenz oder üblem Willen zu kämpfen hatte und seine Anordnungen glatt befolgt wurden. Dabei war er ein durchaus rechtlicher Charakter, trat Niemand zu nahe und nahm sich entschieden Dessen an, dem Unrecht geschehen war. Ohne je zu befürchten, sich etwas zu vergeben, verfügte er sich nöthigenfalls selbst in die Wohnung eines Mitgliedes, mit dem ein Anstand drohte, sprach mit demselben, hörte es ruhig an, redete ihm zu, seine Forderung oder seinen Wunsch fallen zu lassen, wenn die Berechtigung dazu fehlte, oder schaffte er Abhilfe, wenn das Recht auf seiner Seite war. Auf diese Weise machte er gar manche Vorstellung möglich, die, wenn er auf seinem Direktionsstuhle sitzen geblieben wäre und nur schriftlich sich ausgelassen hätte, in die Brüche hätte gehen müssen. Dabei machte er keinen Unterschied in der Person, zeigte sich gegen kein Mitglied zuvorkommender als gegen das andere und bewirkte dadurch ein angenehmes kollegialisches Verhältniß unter einander, das durch keine kleinliche Eifersucht gestört wurde, weil keine Veranlassung dazu da war. Jedem wurde sein Recht und die ihm gebührende Rolle zu Theil. Wächter's feiner Kunstsinn und Takt führten ihn stets auf den rechten Weg und in zweifelhaften Fällen verstand er es die richtige Auswahl zu treffen, so daß seine Entscheidung stets Anerkennung finden mußte. Selbst seine Vorliebe für Mlle. Marconi that seiner Popularität keinen Eintrag, denn sie galt der Künstlerin und nicht der Frau. Ueberdieß zählte diese Trägerin des naiven Rollenfachs 40 Jahre, die man ihr aber auf der Bühne nicht anmerkte. Ihre feinen Gesichtszüge und jugendlich elastische Gestalt verliehen ihr das Aussehen unvergänglicher Jugend; damit verband sie ein äußerst sympathisches Organ, so daß sie bis an ihr frühzeitiges Ende Keiner zu weichen brauchte und das Publikum ihr Fach in keinen andern Händen wünschte.

Theils als Ersatz für abgegangene Mitglieder, theils zur Vermehrung des Personals waren um diese Zeit neue Engagements einiger bedeutenden Mitglieder erfolgt; in der Oper der Tenorist Gerstecker, der schon genannte Baßbuffo Rhode und die zierliche Soubrette Mlle. Meyer, die eben so gewandt spielte als sang. Ihr Abgang wurde schmerzlich empfunden, obgleich es ihren Nachfolgerinnen Ehlers und Laurent (später Mme. Heim) an Routine nicht gebrach. Im Schauspiel der Heldenliebhaber Maurer und der Charakterdarsteller und Komiker Gnauth. Von Damen Mlle. Knoll als erste Liebhaberin. Ein trefflicher Stamm zu einem Nachwuchs fand sich in der dramatischen Schule vor, die leider aufgelöst, später übrigens wieder hergestellt wurde und von welchem die ältesten und tüchtigsten Zöglinge theils in das Orchester, theils in den Singchor eintraten. Unter denen, welche sich durch ihr hervorragendes Talent bald aus dieser Stellung heraus Bahn brachen und sich einen Namen machten, befinden sich mehrere, denen ältere Theaterfreunde eine gleich dankbare Erinnerung an ihre hervorragende Leistungen bewahrt haben, von welchen ein Mitglied sich heute noch der höchsten Gunst des Publikums erfreut und ein sehr geschätztes Mitglied der königlichen Hofbühne ist. Es ist dieß Mme. Auguste Schmidt, damals Mlle. Ritter, von der hernach noch die Rede sein soll. Die anderen waren die Herren Pezold, Kunz, Fr. Schmidt, Belz, Braun und die Mlles. Schiedinger und Ahles. Die erstere unter diesen beiden heirathete, wie schon gesagt, den Schauspieler und Liebhaberspieler Mevius, die letztere erwarb sich später in Leipzig einen bedeutenden Ruf und heirathete den Kapellmeister und Komponisten Lortzing. Der Sohn aus dieser Ehe ist im vorigen Jahr hier angestellt gewesen.

In diese Zeit fällt der Abgang Eßlair's nach München und der Tod von Vincenz, der von einer akuten Krankheit rasch weggerafft wurde. Diese empfindlichen Lücken wurden aber durch Maurer und Rhode in der Art ausgefüllt, daß, wenn sie auch ihre Vorgänger in ihrer Specialität nicht erreichten, dafür wieder Eigenschaften besaßen, in denen sie jene überragten. So glänzte Maurer nicht nur als Held und Liebhaber, sondern namentlich auch in seinen komischen Rollen und war unwiderstehlich wenn er z. B. in heiterem Moment zu lachen anfing. Es ging ihm dieß so von Herzen, daß Alles mitlachen mußte. Ein Schüler Iffland's machte er seinem Lehrer alle Ehre. In späterer Zeit trat er in's Fach der Väter über, in welchem er durch die Noblesse seiner Aktion sehr Bedeutendes leistete. In diesem Wirkungskreise wird er noch vielen Theaterfreunden in Erinnerung sein, da es noch nicht so gar lange her ist, seit er aus dem Leben geschieden. Seine Gattin die schon als Mlle. Schaffner hier, engagirt worden war, hatte viele Jahre das Fach der sentimentalen Liebhaberinnen inne.

An Rhode war eine überaus glückliche Acquisition gemacht worden, indem er nicht nur in der Oper, sondern ebenso im Lust- und Schauspiele sehr verwendbar war. Den meisten Erfolg hatte er in Rollen, in denen er seinen naturwüchsigen Humor zur Geltung bringen konnte, was sein Doktor Bartolo im „Barbier von Sevilla" bewies, den er so schuf, wie ihn Gerstel nach ihm spielte und wie er heute noch auf den Brettern zu sehen ist. Vermöge seiner tüchtigen musikalischen Bildung war ihm das Arrangiren von Gesangs- und Instrumentalnummern in Vaudevilles oder Singspielen ein Leichtes. Einen Beleg hiefür bietet die Ouverture, die er als Signor Ratticatti im „Kapellmeister von Venedig," anstatt der unbedeutenden Originalkomposition vom Orchester spielen ließ. Es war die Ouverture zu Tancred, die er sich dazu ausersehen, an deren Stelle vielleicht jetzt ein anderes Tonstück gewählt werden könnte, wenn sich das damalige Arrangement nicht mehr in der Registratur vorfinden oder die Piece dem Zeitgeschmack nicht entsprechen sollte. Ganz urkomisch war er als Sultan Schahababaham in dem Vaudeville „Bär und Bassa" von Scribe. In dieser Burleske wurde er von Gnauth, der den Tristapatti spielte und als verkleideter Bär mit Virtuosität die Gavotte tanzte, vorzüglich unterstützt. Und doch war Gnauth hauptsächlich für chargirte Charakterrollen engagirt; allein das komische Element steckte bei ihm so tief, daß man ihn heute diese drollige Figur, morgen den ehrlichen alten Cooke, dieses Scheusal in Menschengestalt, in der Tragödie „Parteiwuth" von Ziegler, unmittelbar darauf den Schelle in Raupach's „Zeitgeist" und „Schleichhändlern" und dann Geßler in „Wilhelm Tell" spielen sehen konnte. Eine wahrhaft klassische Figur war sein Grübler in „Advokat und Bauer," den er später Grunert

abtreten mußte, der aber weit hinter seinem Vorgänger zurück=
blieb. Auch in der Oper fand er Verwendung, indem er
in „Don Juan" den Masetto sang. Das eigentliche Cha=
rakterfach lag in den Händen Miedke's, der unter Anderem
den Wallenstein auf eine Weise darzustellen verstand, wie man
ihn hier von keinem seiner Nachfolger so gut zu sehen bekam.
Auch als Friedrich der Große, im „Tagsbefehl" und „Königs=
befehl" von Töpfer steht er unübertroffen da. Mit Recht
durfte er daher an Seydelmann, der in einem längst ver=
gessenen Stück als Schauspieler den imitirten Friedrich dar=
stellte, während Miedke den echten König spielte, die stolzen
Worte schreiben: „Friederich der Einzige an Friederich den
Großen." Der Aufführung war nämlich ein Billetwechsel
zwischen diesen beiden Kunstgrößen vorangegangen, durch den
Umstand veranlaßt, daß Miedke auch Regisseur war und in
dieser Eigenschaft sich mit Seydelmann zu verständigen hatte.

Die Gemüthlichkeit in der Führung der Regie zu dama=
liger Zeit mag ein tragikomischer Zwischenfall illustriren, der sich
am Abend der Vorstellung des „Königsbefehl" zutrug.
Maurer, der in diesem Stück einen Major der Husaren
darzustellen hatte, war zu einem Diner eingeladen worden,
das Prinz A. von H. N. gab und welchem auch mehrere
Offiziere anwohnten. Der Champagner floß in Strömen
und der Prinz, der es gerne sah, wenn seine Weine Würdigung
fanden, hatte es ganz besonders auf den Mimen angelegt,
um den Spaß zu haben, ihn in sehr angeheiterter Stimmung
auf der Bühne zu sehen. Dieß gelang so sehr, daß zuletzt
zu befürchten stand, Maurer möchte gar nicht spielen können.
Soweit kam es aber nicht, doch war er so ausgelassen ge=
worden, daß er den Vorschlag machte, ihn in's Theater zu
begleiten und den Regisseur Miedke zu benachrichtigen, er

liege total betrunken im Malersaal und man wisse nicht, was man mit ihm beginnen solle. Einer der Offiziere übernahm diese Mission und traf Miedke auf der Bühne, bereits im vollen Ornat des Königs Friedrich. Der Schreck des Regisseurs war über alle Beschreibung groß und man bemerkte, wie er unter der Schminke erblaßte. Sogleich eilte er in den Saal, wo er zu seinem Entsetzen den Kollegen wie in gänzlich bewußtlosem Zustande auf dem Boden liegend und die übrigen Festgäste des Prinzen um ihn beschäftigt fand. „Hab' ich es doch geahnt" rief er aus auf den Mimen zuschreitend; „du hättest diese Einladung gar nicht annehmen sollen. Wenn man zu spielen hat, geht man zu keinem Gelage. Maurer, komm doch zu dir; ich bin ein geschlagener Mann, wenn du nicht auftreten kannst. Der König kommt heute Abend ins Theater. Freund, — Bruder, — Schwein, raffe dich auf, ich weiß mir sonst nicht zu helfen!" Dabei ging Miedke verzweiflungsvoll auf und ab, was in dem militärischen Kostüm, mit dem Stern auf der Brust und dem Krückenstock in der Hand sich geradezu possirlich ausnahm. Maurer hörte aber scheinbar nichts, sondern gab nur durch unartikulirte Laute zu verstehen, daß er seiner Sinne durchaus nicht mächtig sei und einen hohen Grad von Unbehagen verspüre. Endlich, als die Verzweiflung Miedke's den höchsten Grad erreicht und er gedroht hatte zum Direktor zu gehen und den Vorfall zur Meldung zu bringen, stand Maurer auf und sagte: „du meinst ich sei total betrunken? Beruhige dich; einen tüchtigen Haarbeutel habe ich wohl; aber spielen kann ich doch. Ich werde sogleich in die Garderobe gehen und mich ankleiden." Damit ging er weg. Die Verzweiflung Miedke's hatte sich jetzt in Zorn verwandelt, daß so mit ihm gespielt worden war; doch beruhigte er sich bald wieder bei dem Gedanken, daß die Vorstellung keine Störung erlitt. Auch trug er es Maurer nicht nach, dem man übrigens seinen angeheiterten Zustand wohl anmerkte, der aber glücklicher Weise an der Rolle nichts verdarb.

Den Offizieren der Garnison Stuttgart war der Zutritt in die Räume des Theaters durch die verschiedenen Dienstverrichtungen sehr erleichtert, welche sie in diesem Gebäude hatten. Zunächst befand sich die Schloßwache im Parterre, und den Kommandanten derselben war der Besuch der Vorstellungen am Abend und selbst zu den Proben gestattet. Sodann mußte Nachts die auf der Bühne befindliche Mannschaft visitirt werden, welche von der Theaterwache nach deren Abzug zurückgeblieben, und, was die meisten Anknüpfungspunkte bot, wurde jeder größern Abtheilung von Militärstatisten ein Offizier beigegeben, der während Probe und Aufführung auf der Bühne zu bleiben hatte, um bei etwaigen Ausschreitungen als Vorgesetzter einzugreifen. Diese Einrichtung wurde in Folge einer allzu großen Naivetät von einigen Soldaten getroffen, welche eine schöne Tragödin auf einer Bahre von der Bühne wegzutragen hatten und sich gar zu handgreiflich überzeugen wollten, ob sie wirklich todt sei. Ein am Eingang zur Bühne aufgestellter Posten, welcher ebenfalls visitirt werden mußte, gab noch weitere Veranlassung zum Betreten der Bretter. Dadurch wurde es leicht, die Bekanntschaft der Damen des Theaters zu machen, denen die jungen Lieutenants sich durch die Herren vorstellen lassen konnten, die sie meist von der Schloßwache her kannten.

Unter den aus der aufgelösten dramatischen Schule in den Chor eingereihten jungen Kräften, arbeiteten sich bald mehrere empor, indem sie durch ihre Leistungen in glänzender Weise die gründliche Bildung beim Theater verwertheten,

welche sie in dieser Anstalt genossen hatten. Die Herren
Belz und Fr. Schmidt brachten als Direktoren den Singchor
auf eine Höhe wie er sie nie zuvor eingenommen. Der letztere
war zugleich Schauspieler und Sänger, in welcher Eigenschaft
er einen ganz anerkennenswerthen Wirkungskreis hatte, bis ihm
nach Belz' Abgang ausschließlich die Chordirektion und Aus=
bildung jugendlicher Stimmen zufiel. Auch Braun hatte sich
zu einem ganz brauchbaren seriösen Liebhaber aufgeschwungen.
Kunz füllte lange Jahre hindurch das Fach eines zweiten
Bassisten mit großer Anerkennung aus, und bewies seine ge=
diegene musikalische Befähigung gleichfalls durch Bildung gar
mancher Sänger, die ihren ersten Unterricht bei ihm genoßen
und welche die Grundlage ihrer richtig geschulten Stimme
nur ihm verdankten. Die glänzendste Stellung errang sich
aber Pezold, dem ein glücklicher Umstand rasch empor, zu
Ansehen und brillantem Engagement verhalf. Nachdem er
längere Zeit hindurch nur in kleinen Partieen beschäftigt
gewesen war und vorübergehend in Augsburg seine Kräfte
versucht hatte, las man ihn eines Tages in der Rolle des
Don Juan auf dem Theaterzettel. Man schüttelte darüber
den Kopf und ging mit großem Mißtrauen in die Vor=
stellung; denn das Unternehmen war nicht klein, nach einem
Häser, der erkrankt war, diese schwierige Partie zu übernehmen.
Die Oper sollte aber gegeben werden und so mußte ein Er=
satzmann diese Rolle übernehmen. Alles war erstaunt als
Pezold seine prachtvolle Stimme ertönen ließ, mit der er eine
Kraft in der Tiefe und einen Schmelz in der Höhe ent=
wickelte, die einen Sturm von Beifall erregte, welcher einen
vollendeten Sieg bedeutete. Gerne übersah man ihm den
Mangel jener Eleganz des Spiels, die Häser auszeichnete,
welche Pezold aber durch eine frische, lebendige Aktion zu er=

setzen mußte. Der seitdem Uebersehene war mit einem Male ein gemachter Mann. Die große Leistungsfähigkeit dieses Künstlers in der Oper kennzeichnet sich am ersichtlichsten dadurch, daß er neben hohen Bariton= auch Baßpartien singen konnte. Er übernahm den Sarastro, später Bertram in „Robert" und Zampa, den er zu einer seiner glänzendsten Rollen machte und in welcher ihn selbst Pischek später nicht übertraf, obgleich dieser über ein weit mächtigeres Stimmorgan verfügte. Auch im Vaudeville leistete Pezold, namentlich in heitern Rollen sehr viel, und sein Hans Kegele von Schnaith, den er im „Fest der Handwerker" mit der trefflichen Schmidt als Grethle Kußmaul von Strümpfelbach sang, stehen beide einzig in ihrer Art da. Der damalige Dramaturg Schlotterbeck hatte diese Episode zu Angely's Liederspiel hinzugedichtet. Bei der Reprise dieses harmlosen Stückes vor mehreren Jahren fehlte diese Episode in Ermangelung der passenden Repräsentanten für diese Rollen, denn Pezold war abgegangen und Mme. Schmidt unterdessen in's Fach der Alten übergetreten; auch hätte man damals schon nicht mehr das behäbige, wohlfeile Leben in Schwaben durch die Worte kennzeichnen können: „A blauer Montag kost' sechs Batze und dudelvoll leist du in's Bett." Aber auch im Schauspiel nahm Pezold eine ehrenvolle Stelle ein, sowohl in ernsten wie in komischen Rollen. Am besten gelangen ihm die Naturburschen, bei denen ihm sein trockener Humor zu statten kam. Daß aber jedes künstlerische Leistungsvermögen seine Grenzen hat, zeigte sich auch an ihm, als er, nach Abnahme des Wohllauts und der Kraft seiner Stimme in das Buffofach übertrat, das Individualisirung verlangt, die ihm nicht zu Gebote stand. Mme. Auguste Schmidt, von der soeben die Rede war und welche heute noch als rüstige Alte eine unersetzbare Specialität ist, bedarf als solche für keinen Theaterfreund einer Auffrischung; aber ihre Jugendleistungen gehören der Erinnerung an. Nach dem fünfzigjährigen Jubiläum, das diese Künstlerin vor noch nicht langer Zeit feierte, wäre man versucht sie für älter zu halten als sie ist, aber ihre Laufbahn durch die dramatische Schule gab ihr gar frühzeitig Gelegenheit die Bühne zu betreten. Zuerst versuchte sie sich in Kinderrollen und dann, nach Eintritt in das jungfräuliche Alter in Gesangs- und jugendlichen Partien, ja selbst als Tänzerin; schließlich fielen ihr nach und nach immer bedeutendere Aufgaben zu. Namentlich leistete sie, als Seydelmann ihrem Talente nachdrücklich zu Hilfe gekommen war, als Toni in „Die Mohrin" und ganz besonders als Gretchen im „Faust" und ähnlichen Rollen sehr Bedeutendes. Als Preciosa kam ihr ihre Gesang- und Tanzkunst und in stummen Partien, wie Fenella und Yelva ihre ausgezeichnete Mimik zu statten. Ihre zierliche Gestalt gestattete ihr sehr lange dieses Feld ihrer Thätigkeit mit Glück zu behaupten, und nur ungern sah man sie ins Fach der Alten übertreten, in dem sie noch heute als das einzige aktiv gebliebene Mitglied aus der Zeit von ehemals übrig geblieben ist! Ihr Talent für Dialektrollen ist soeben als Grethle hervorgehoben worden, und was sie als Bärbele in „Dorf und Stadt" leistet, bedarf keiner besondern Anführung, da sie diese noch immer und in einer ganz unübertreffbaren Weise spielt. Dafür mag aber ein Wort über die ehemalige Besetzung dieses Stücks seine Stelle finden, da dies nirgends in so vollkommener Weise möglich war, obgleich damit dem Zeitlauf vorgegriffen wird. Pezold, dem das ächt Schwäbische ebenso geläufig war, wie Mme. Schmidt, spielte den Lindenwirth, Mme. Wenzel das Lorle, als welches sie das Urschwäbische und

Hochdeutsch-schwäbische mit unübertrefflicher Virtuosität sprach, und Friedr. Schmidt, der Gatte der Auguste, den Christoph Balder. Die übrigen Rollen konnte jede andere Bühne gleich gut besetzen, aber das genannte vierblätterige Kleeblatt machte die Darstellung in ihrer Art klassisch. Nach dem frühzeitigen Tode des Freiherrn von Wächter zu Anfang der zwanziger Jahre, hatte der Vorstand der königlichen Privatbibliothek, Hofrath von Lehr die Direktion des Theaters erhalten. Er war ein Mann von feiner geistiger Bildung, Kunstsinn und Verständniß, dabei ein gerader, ehrenfester Charakter. Ihm fiel zunächst die Aufgabe zu einige abgegangene bedeutende Kräfte zu ersetzen. Es geschah dieß im Schauspiel durch das Engagement von Walbach, als gesetzten Liebhaber, später verdienstvoller Regisseur sowie in Väterrollen thätig und schließlich Oberinspektor des Theaters. Sein Name lebt durch seinen wackern Sohn noch auf der Bühne fort. Sodann der Mlle. Stubenrauch, als tragische Liebhaberin, wie in Anstands- und Salonrollen gleich hervorragend, ein Feld, das sie bis zu ihrem Rücktritt von der Bühne im Jahre 1846 mit gleicher Kraft und Ausdauer behauptete. Ihrem Vorbild verdankte es Mlle. Sieber, jetzige Mme. Wentzel vorzugsweise, daß sie als ganz junges Mädchen unmittelbar darauf in dieses Fach eintreten konnte. In der Oper wurde Hambuch als erster, List als zweiter Tenor angestellt. Mit letzterem ging es ganz eigenthümlich; weil die höhere Stimmlage sich durchaus nicht einstellen wollte, wurde er seiner sonstigen Brauchbarkeit wegen in tiefer liegende, namentlich chargirte Partien in der Spieloper eingewiesen. So spielte er z. B. den Klausner in Marschner's „Templer und Jüdin," den Bruder Pförtner in Auber's „Fiorilla," sowie auch ähnliche Rollen im Lustspiel mit großem Erfolg.

Sein ursprünglich bestimmtes Fach mußte aber einem Andern anvertraut werden, und so wurde Benesch, und da dieser bald wieder abging, Tourny angestellt, der durch seine angenehme Erscheinung und hübsche Stimme einen guten Eindruck machte. Der Regie machte er deshalb zu schaffen, weil er nicht fest musikalisch war, weshalb Krebs ihn scherzweise den Veteran der Anfänger nannte. Er verließ daher auch die theatralische Laufbahn, kehrte zum kaufmännischen Fach zurück und befaßte sich später mit Häuser= und Güterverkäufen. Hambuch besaß im Gegensatz zum Vorigen unschätzbare Eigenschaften als Sänger; eine wunderbar weiche, biegsame, dabei aber doch so volltönende Stimme, um alle Partieen, lyrische und dramatische mit Bravour singen zu können. Von Heldentenoren wußte man damals noch nichts. Dabei war er so durch und durch musikalisch fest und gebildet und besaß ein so enormes Gedächtniß, daß er innerhalb acht Tagen die stärkste Rolle einzustudiren im Stande war. Was man Hambuch vorlegte, sang er vom Blatt. Er wurde sogleich lebenslänglich angestellt, mit der ganz besondern Bestimmung, daß er, wenn er in der Oper nicht mehr thätig sein könnte, als Violinist in das Orchester überzutreten habe. Er war nemlich auch ein trefflicher Geiger und wirkte deshalb in Privatkreisen ebenso beim Streich= wie beim Vokalquartett mit. Ein allzu früher Tod machte leider diese Bestimmung überflüssig. Seine Wittwe lebt noch hier und eine seiner Töchter ist die Gattin des Professors Dr. Faißt.

Eine andere, höchst wichtige Acquisition, die aber den beiden angeführten noch um ein paar Jahre vorausgegangen (1820), war die Peter Lindpaintner's als Kapellmeister. Wie es Menschen gibt, die zu Feldherren geboren sind, so war er geborener Dirigent eines Orchesters. Der Taktstock war sein Marschallsstab, und wenn er diesen zur Hand nahm und schwang, überkam Musiker und Sänger ein Ernst und ein Feuer, dem nichts zu widerstehen vermochte. Sein blitzendes Auge überwachte Alle, und Jedermann bestrebte sich, sein Möglichstes zu leisten. Er machte das Orchester zu dem was es noch heute ist, indem er für abgehende immer tüchtige neue Kräfte zu gewinnen wußte. Darunter glänzten ganz besonders: Abenheim für die Violine, zugleich tüchtiger Orchester-Direktor und Komponist, Krüger, Vater, Flöte, Beerhalter Klarinette, Neukirchner Fagott, Bohrer Violoncell und andere mehr. Dabei entwickelte er eine ungemeine Thätigkeit, die es möglich machte, daß je nach 6, spätestens 8 Wochen eine neue oder neu einstudirte Oper aufs Repertoir gesetzt werden konnte. Das Neueinstudiren kam aber deshalb seltener vor, weil das Einstudirte nicht liegen gelassen und dadurch vergessen wurde; auch sorgten die Mitglieder selbst möglichst dafür nichts zu vergessen, weil der Korrepetitor nicht zum Einpauken der Partien da war, sondern die Solisten selbst zusehen mußten, wie sie zu Hause mit ihren Rollen zurecht kamen. Waren die Partien vertheilt, so wurde angenommen, daß drei Seiten davon jeden Tag gelernt würden, und so konnte Lindpaintner genau berechnen, wann die ersten Proben stattfinden und wann die Aufführung angesetzt werden könne. Es wäre keinem Mitglied zu rathen gewesen, nicht zu rechter Zeit fertig zu werden, und so waren diejenigen, welche nicht hinreichend musikalisch geschult waren, genöthigt, sich auf eigene Kosten einen Repetitor zu halten. Im Theaterjargon wurde dieß mit sich rasiren lassen bezeichnet, was sich komisch genug ausnahm, da die Damen mehr als die Herren zu dieser Aushilfe ihre Zuflucht nehmen mußten. Diese strenge Disciplin, welche Lindpaintner eingeführt, setzte ihn in den

Stand, beinahe alles allein leisten zu können, und nur ganz ausnahmsweise fehlte er auf dem Dirigentenstuhl sowohl in der Oper wie in den Abonnementskonzerten, die ihm ihre Entstehung verdankten. Einen zweiten Kapellmeister gab es nicht, dafür besaß aber das Orchester in dem Musikdirektor und ersten Violinisten Molique einen Mann, der nicht nur eine Kunstgröße ersten Rangs auf seinem Instrument, sondern auch ein ausgezeichneter Komponist und Dirigent war. In der Oper war theilweise ein neues Repertoir zu schaffen. Der Glanz der ältern italienischen Meister war am Erbleichen und da König Wilhelm ein großer Freund dieser Art von Musik war, so wurden, mit wenigen Ausnahmen, beinahe alle Opern von Rossini gegeben, der damals im Zenith seiner Schaffensperiode stand. Für die früheren Werke dieses Meisters, der seiner Gattin zu Liebe, die Sängerin war, vorzugsweise für Mezzo=Sopran schrieb, war in der Mlle. Karoline Stern eine jugendliche Kraft gewonnen worden, welche die Ninette in der „diebischen Elster", Isabelle in „die Italienerin in Algier", Angelina in „Aschenbrödel", Rosine im „Barbier von Sevilla", Elisabeth in der gleichnamigen Oper und „Tancred" vortrefflich sang und durch ihre frische, klangvolle Stimme großen Erfolg erzielte. Ihre Persönlichkeit entsprach vollkommen ihrem Namen, sonst hätte wohl Heine ihr nicht sein erstes veröffentlichtes Gedicht „An eine Sängerin" gewidmet. Ganz besonders glänzte sie in der letztgenannten Männerrolle. Dieses Erstlingswerk Rossini's ist nun so veraltet, daß man jetzt schwer begreifen würde, wie man sich jemals dafür so sehr habe begeistern können, wie es in der That der Fall war; doch dürften heute noch einige Nummern daraus großen Beifall finden, wie auch „Elster" und „Aschenbrödel" der Vergessenheit entrissen zu werden verdienten;

namentlich letztere Komposition, welche als Buffo=Oper mit dem unverwüstlichen „Barbier" wohl rivalisiren kann. Auf diese Werke folgten „Othello" und „Moses", letztere Schöpfung eigentlich mehr Oratorium als Oper, von dem nur der Marsch während des Zugs der Israeliten durchs Rothe Meer erhalten blieb und von unsern Militärmusiken als Paradenmarsch ge= spielt wird. Sodann kam „Die Belagerung von Korinth" und endlich „Tell", mit dem der Meister sein Produziren für's Theater abschloß, indem er damit ein unsterbliches Werk der Nachwelt hinterlassen hat.

Außer den genannten wäre noch eine Anzahl anderer Opern dieses Komponisten anzuführen, die mit mehr oder minderem Erfolg über die Bretter gingen; doch ersieht man schon aus den angeführten, daß Rossini unter den Italienern das Repertoir beherrschte. Mit ihm rivalisirte in der Pro= duktivität der Franzose Auber, dessen frühere Kompositionen bedauerlicher Weise aber auch in der Registratur vermodern, wie „Der Schnee", „Koncert bei Hofe", das noch überdies laut dem Originaltext in Stuttgart spielt; „Die Verlobte", „Der Maskenball", mit Unrecht verdrängt durch Verdi's Kom= position; „Der schwarze Domino", „Teufels Antheil" u. a. m. Dagegen bilden sein „Fra Diavolo", „Maurer und Schlosser", „Krondiamanten" und „Stumme von Portici" noch immer Zugsstücke. Sein „Liebestrank" mußte, und zwar mit Recht, dem von Donizetti weichen.

Um diese Zeit, etwa 1822, gelangte auch hier „Der Freischütz" ans Lampenlicht, für den eine Agathe vorhanden war, wie sie nicht geeigneter hätte gefunden werden können. Es war dies Mlle. Hugh, nachmalige Frau von Knoll, deren hervorragendes Talent Lindpaintner rechtzeitig erkannt, zu weiterer Ausbildung hiehergezogen hatte und deren glocken=

reine, kraftvolle, innige, zu Herzen bringende Stimme für
diese Partie in einer Weise paßte, wie Weber sie nicht besser
hätte wünschen können. Diese Oper entzückte, wie auch heute
noch, so sehr, daß sie lange Zeit fast jeden andern Sonntag
gegeben wurde. Die Besetzung war aber auch außer der
genannten Rolle ganz ausgezeichnet. Das Aennchen war in
den Händen der Mlle. Stern, den Max sang Hambuch, den
Kaspar Häser, alternirend mit Pezold, den Fürsten Krebs,
den Kilian Rhode, den Erbförster Cuno Kunz, den Samiel
spielte der Charakterdarsteller Miedke, der auch in dieser un=
bedeutenden Rolle bewies, was ein Künstler durch seine Person,
Maske und Organ daraus zu machen vermag.

Rossini wie Auber erforderten tüchtige Sängerinnen, die
sich in den Damen Canzi, nachmalige Frau Walbach und Frau
v. Pistrich fanden, die für abgegangene Mitglieder, (darunter
Mlle. Stern), erstere als Koloratursängerin, letztere als Sou=
brette eintraten. Es waren dieß ausgezeichnete Acquisitionen.
Mlle. Canzi leistete sowohl in Gesang als Spiel sehr Bedeu=
tendes, (Amenaide in „Tancred", Zerline in „Don Juan"
und „Fra Diavolo", Julie in „Montecchi und Capuletti",
Anna in „die weiße Frau" und viele andere mehr); was sie
aber besonders zierte, war die Einfachheit und Anspruchs=
losigkeit, mit der sie sich selbst den kleinsten Aufgaben, sogar
im Vaudeville unterzog, und doch hatte sie durch ihre lang=
jährigen Kunstreisen, vor ihrem Engagement hier, einen
großen Namen sich gemacht. Nichts desto weniger sang sie
nach einer brillanten kolorirten Partie von Rossini oder einer
bedeutenden Spielpartie von Auber, die Frau von Schlingen
in „die Wiener in Berlin" oder übernahm sie eine Rolle in
einem ähnlichen Singspiel. Frau von Pistrich konnte sich
zwar an Bravour und Glanz mit dieser Kollegin entfernt

nicht messen, aber sie war gleich dieser sehr vielfältig verwendbar, und nur dadurch war es möglich, daß mit diesen zwei Künstlerinnen, mit Mlle. Fischer für das heroisch= und Frau von Knoll für das jugendlich=dramatische Fach, eine große Frische des Opernrepertoirs erhalten werden konnte. Der Versuch mit diesen Kräften eine Oper in italienischer Sprache zu geben, fiel jedoch nicht so befriedigend aus, daß eine Wiederholung versucht worden wäre.

Der Gang der Dinge wurde im Jahre 1825 durch ein Ereigniß unterbrochen, welches die Theaterbesucher in fieberhafte Aufregung versetzte. Auf Befehl des Königs war eine Ballettruppe engagirt worden, die sechs Monate hindurch von Oktober bis Ende März Vorstellungen geben sollte. Seit mehr als dreißig Jahren war dieß in Stuttgart nicht erlebt worden; kein Wunder, daß die Neugierde groß war. Signor Taglioni war der Balletmeister, der seine beiden Kinder, Marie und Paul, sowie einen ersten seriösen Tänzer Stuhlmüller, Grotesktänzer Stiasny, eine Mlle. Pierson für National= tänze, sowie eine Anzahl Chortänzer und Tänzerinnen von Wien mitbrachte. Marie und Paul sind Kunstgrößen ersten Ranges geworden; erstere auf den Bühnen von Paris und London, letzterer in Berlin, wo er seit lange als Balletmeister im königlichen Opernhause sich einen bedeutenden Namen gemacht hat. Damals waren aber beide erst im Beginn ihrer Laufbahn, doch war Marie, 18 Jahre alt, schon eine so hervorragende Künstlerin, daß sie nur noch mehr Uebung auf den Brettern nöthig hatte, um ganz vollendet dazustehen. Paul, jünger als sie, wurde erst hier an's Lampenlicht gewöhnt. Schon im ersten Ballet, „Zemire und Azor oder die Macht der Liebe", zeigte es sich, daß der Vater Taglioni ein ausgezeichneter Arrangeur und Mlle. Marie eine sehr bedeutende Kunstgröße sei, die sich während ihres hiesigen Engagements, das im folgenden Jahre auf ebenso lange Zeit sich wiederholte, zur höchsten Vollendung sich entwickelte. Es bleibt wohl unbestritten festgestellt, daß sie, was Anmuth, Grazie und Fertigkeit anbelangt, von keiner anderen Tänzerin irgendwo übertroffen wurde, wenn auch die eine oder die andere ihr an Kraft und Energie überlegen war. Das verwöhnte Publikum von Paris, wo sie von hier aus auftrat, wollte gar nicht glauben, daß ein Phänomen dieser Art, aus einer so kleinen Stadt, wie Stuttgart namentlich damals war, jetzt erst vor ihm sich produzire. Es mußte erst das Vorurtheil überwunden werden, ehe die Künstlerin die gebührende Anerkennung fand, und Vater Taglioni mochte deshalb auch gar nicht zugeben, daß er mit seiner Familie hier engagirt gewesen sei, sondern wollte nur Gastrollen gegeben haben.

Laut seinem Kontrakte mußte er während der Zeit seines Vertrags in jeder Saison sechs Ballette oder Divertissements einstudiren und so entwickelte er eine äußerst energische Thätigkeit. Jeden Tag fanden mehrstündige Proben und Uebungen statt, zu welch' letzteren ein großes Zimmer im Parterre, rechts vom Eingang des südwestlichen Flügels im Schlosse, eingeräumt worden war. So folgten in verhältnißmäßig kurzen Zwischenräumen „die Weinlese", in welcher der Grotesktänzer Stiasny, der dem damals hochrenomirten Franzosen Mazurier wenig nachstand, glänzen konnte; hierauf kamen „der Abend eines Rajah", „Aglae", „Zeila oder der kleine schottische Tambour" „die Müller", „der letzte Tag des Karnevals", „Zephir und Rosa", „Unterhaltung eines Sultans" und die Perle von allen „Danina oder Joko der brasilianische Affe", dem ergreifenden französischen Drama nachgebildet, in welchem Mazurier sich unvergeßlich gemacht hatte, an die Reihe. Zu diesem, sowie zu ein paar anderen Balletten, komponirte Lindpaintner eine äußerst ansprechende, melodiöse Musik, wozu ihm immer nur sehr kurze Frist gelassen werden konnte. Stiasny sollte die Rolle des Affen übernehmen. Aber sei es, daß er seiner angegriffenen Gesundheit wegen es nicht wagte einen ganzen Abend hindurch, in eine Affenhaut eingehüllt, mit einer Maske vor dem Gesicht, seine Sprünge zu machen oder daß er sonst mit Taglioni in Streit gerieth, genug, er erklärte mit einem Male, er sei genöthigt seinen Kontrakt zu lösen und er werde abreisen. Die Vorstellung des sehnsüchtig erwarteten Joko wäre dadurch unmöglich geworden, wenn nicht glücklicher Weise in Briol, der rasch von Paris hieher kam, ein Ersatzmann gefunden worden wäre. Im Publikum, das nie den wahren Grund dieses raschen Bruchs genau erfuhr, erweckte dieser Vorgang eine gewisse Mißstimmung gegen den seither so hoch gefeierten Balletmeister, denn Stiasny hatte sich einen großen Anhang zu erwerben verstanden. Diese Verstimmung machte sich aber nicht nur bei der Aufführung des „Joko", sondern auch in den anderen Balletvorstellungen bemerklich, indem man die zweite Tänzerin mehr feierte als die erste. Man ließ den Unwillen über ihren Vater an Mlle. Marie aus, obgleich diese die Kollegin weit überragte, die nur Nationaltänze mit einer gewissen Virtuosität zu produziren im Stande war. Es lebten damals noch einige ältere Herren hier, die Mitglieder des Ballets zur Zeit des Herzogs Karl gewesen waren, Kauz, Traub und Jobst, und welche zum Theil, gleich Mad. Pauli, die aus derselben Zeit stammte, noch Tanzunterricht ertheilten. Hörte man von einem oder dem anderen dieser Veteranen ein Urtheil über die Geschmacksrichtung des Publikums, so begegnete man nur einem mitleidigen Kopfschütteln, indem diese

Art des Tanzes, mit Ausnahme der Mlle. Taglioni, durchaus nicht ihren Beifall hatte; sie nannten es springen im Gegensatz zu der graziösen, schleifenden Weise der alten Schule. Wie würde ihr Ausspruch erst jetzt lauten, seit selbst seriöse Tänzerinnen ihre Hauptforce in grotesken Sprüngen suchen. Der Tanz hat eben auch, wie das Singen, das vielseitig in's Schreien ausgeartet ist, Rückschritte gemacht. Der Unwille vom vorigen Jahre nahm in der zweiten Engagementsperiode noch größere Dimensionen an. Man wollte wahrnehmen, daß der diesmalige seriöse Tänzer Sulivan und die zweite Solotänzerin Mlle. Mees=St. Romain von Taglioni, seiner Kinder wegen, unterdrückt würden, und da Mlle. Saint-Romain um ihrer reizenden Persönlichkeit willen namentlich die junge Männerwelt für sich hatte, so nahm die Leidenschaft einen so hohen Grad an, daß sich im Saale zwei Parteien bildeten, wovon die eine dieser Künstlerin, die andere Mlle. Taglioni wie wahnsinnig applaudirte. Die Folge davon war, daß Taglioni erklärte, er würde nie mehr nach Stuttgart zurückkehren. Ja, am Abend des letzten Auftretens seiner Tochter, mußte diese im Moment des Abgangs von der Bühne ein Uebertreten des Fußes fingiren, weil zu befürchten stand, daß nicht sie, sondern ihre Rivalin die Auszeichnung des ersten Hervorrufs davontragen würde. Damals herrschte noch die vernünftige Sitte, daß nicht en bloc, sondern jedes einzelne Mitglied mit Namen hervorgerufen wurde. Uebrigens wäre auch ohne einen Zwischenfall dieser Art Marie Taglioni nicht mehr hieher gekommen, da sie rasch in den Weltstädten Paris und London eine so hoch gefeierte Stellung einnahm, daß sie in kleinere Verhältnisse nicht mehr gepaßt und deshalb viel zu hohe Ansprüche gemacht hätte. Wenige Jahre hernach tanzte sie in dem berühmt gewordenen Quartett der vier ersten Kunstgrößen des Ballets, bestehend aus den Damen Grahn, Ceritto, Fanny Elsler und Taglioni, welche ein Impresario zusammenzubringen sich in den Kopf gesetzt hatte und auch in der That zusammen brachte.

Nach dem Rücktritt des Direktors von Lehr im Jahre 1828 erhielt der Kammerherr der Königin, Graf von Leutrum, in der Eigenschaft als Hoftheater-Intendant die Leitung der Bühne. Mit ihm beginnt eine neue Epoche, indem dieser Chef eine große Thätigkeit auf dem gesammten Kunstgebiete entwickelte. Unter der Vorliebe für das Ballet hatten Oper und Schauspiel etwas Noth gelitten. Es waren Lücken entstanden, welche auszufüllen waren. In welcher hervorragenden Weise dies geschah, dafür bürgen die Namen der Künstler, welche engagirt wurden. Von Frankfurt kamen zwei Kunstgrößen, welche der treffliche Kapellmeister Guhr daselbst ausgebildet hatte. Mlle. Doris Haus als dramatische Sängerin und Dobler als Bassist. Mlle. Haus, eine Dame von hoher, imponirender Gestalt und mit einer kraftvollen, dabei aber doch weichen Stimme von umfangreichem Register begabt, riß als Donna Anna in „Don Juan", Julie in der „Vestalin", Desdemona in „Othello", Gräfin Juranich im „Maskenball" von Auber und dergleichen Rollen alles mit sich fort, denn sie verband mit ihrer eminenten Gesangsleistung eine dieser ebenbürtige Darstellungsgabe. Vermöge dieser war sie deshalb auch in Spielopern sehr verwendbar, in denen sie gerne mitwirkte. Auch in Männerrollen excellirte sie, wie als Fidelio und Romeo in „Montecchi und Capuletti" von Bellini. Dobler verfügte ebenfalls über ein prachtvolles Stimmmaterial von bedeutendem Umfang in Tiefe und Höhe. Seine ebenmäßige, imposante Gestalt gab seiner Darstellung ein ganz besonderes Relief, was sich namentlich als Sarastro, Bertram in „Robert", Heinrich VIII. in „Anna Bolena" Waldburg in „Die Fremde" von Bellini und anderen Opern mehr geltend machte. Seine Verwendbarkeit in der komischen Oper bewies sein Podestà in der „Diebischen Elster" von Rossini. Leider war ihm hier nur eine kurze Zeit des Wirkens beschieden, da ihn frühzeitig ein Halsleiden heimsuchte, dem er gar bald erlag.

Durch die Auflösung des großherzoglichen Hoftheaters in Darmstadt waren sehr bedeutende Kräfte disponibel geworden, welche die Intendanz sogleich zu engagiren sich beeilte, und so kamen Seydelmann und Mlle. Peche vom Schauspiel und der Tenorist Vetter hieher. Es war zwar bekannt, daß der eben verstorbene Großherzog Ludwig II. ein großer Freund des Theaters gewesen und deshalb große Summen jährlich darauf verwendet hatte, doch meinte man, er habe diese ausschließlich nur für die Oper verausgabt und war daher sehr erstaunt, in Seydelmann eine Kunstgröße ersten Rangs gewonnen zu haben. Seine Antrittsrolle als Carlos in „Clavigo" war ein vollständiger Sieg für ihn, und der Beifall, den er erntete, steigerte sich bei jeder neuen Leistung im höchsten Grade. Obgleich Helden- und Charakterdarsteller, verschmähte er es doch nicht, auch in feinkomischen Rollen aufzutreten, die er durch einen gewissen trockenen Humor zu würzen verstand. Selbst im Vaudeville versuchte er sich mit Glück, denn sein Hähnchen im „Fest der Handwerker" war eine ganz vorzügliche Leistung. Die Raupach'schen Dramen und Lustspiele waren damals an der Tagesordnung, in denen Seydelmann vorzugsweise gerne wirkte und namentlich als Cromwell, der in mehreren derselben vorkommt, glänzte. Er war es, der den „Faust" hier für die Bühne einrichtete und durch seinen Mephisto eine ungeheuere Sensation erregte.

Bis dahin hatte sich kaum ein anderes Theater an diese Aufgabe gewagt. Das Stück war also eine Art von Kuriosum, dessen Reiz noch durch die klassische Musik erhöht wurde, welche Lindpaintner dazu geschrieben hatte. Obgleich nun aber Seydelmann sehr hoch gefeiert wurde und seine Wünsche allerseits Entgegenkommen fanden, so sehnte er sich doch von hier weg an einen größern Wirkungskreis, wozu sich ihm durch ein Engagements-Anerbieten von Berlin aus Gelegenheit bot. Er kam um Entbindung von seinem lebenslänglichen Kontraktsverhältniß ein und trat, nach Gewährung dieser Bitte in das K. Schauspielhaus in Berlin über. Mlle. Peche spielte das Fach der naiven Liebhaberinnen mit einer Anmuth und Natürlichkeit, wie man sie nur selten findet; dabei war sie eine reizende Erscheinung, kein Wunder also, daß ihr alle Herzen entgegenschlugen. Ihre Gesundheit war jedoch etwas angegriffen, was sie veranlaßte, schon nach einem oder zwei Jahren ihre Entlassung nachzusuchen, nach deren Gewährung sie beim Burgtheater in Wien sogleich ein Engagement fand. Zwar wollte man wissen, der Grund ihres Weggehens sei in Rivalitäten und Eifersüchteleien zu suchen gewesen, die ihr den Aufenthalt in Stuttgart verleidet hätten; aber ihr frühzeitiger Tod in Wien, nach längern schweren Leiden, spricht dafür, daß sie eine zarte Konstitution besessen haben muß. Vetter war vorzugsweise für das lyrische Fach gewonnen worden, für das auch seine klangreiche, frische Stimme ganz gut paßte.

Nachdem Schauspiel und Oper mit ausreichenden Kräften versehen waren, gedachte die Intendanz auch wieder des Ballets, das in minderer Großartigkeit als unter Taglioni, hauptsächlich zur Ausschmückung der Oper dienen sollte. In dieser Absicht wurde der Tänzer und Pantomimist Thoms in

München als Lehrer und der pensionirte königlich bayerische Balletmeister Horschelt, Vater des späteren Tänzers und Ballet= meisters, zum Arrangiren und temporär zur Beihilfe für Stuttgart gewonnen, mit dem Auftrag, eine Anzahl junger Leute beiderlei Geschlechts heranzubilden. Graf Leutrum ging mit allem Eifer daran das Institut ins Leben zu rufen und durch unausgesetzte Thätigkeit dasselbe möglichst bald dem Theater nützlich zu machen. Es ging auch überraschend schnell, wie eine im Reboutensaal veranstaltete Prüfung genugsam darthat. Die jungen Leute stachen förmlich aufeinander, wer die meiste Geschicklichkeit zeigen und den öffentlichen Beifall erringen könne. So entwickelten sich in kurzer Zeit recht tüchtige Talente, deren Namen noch immer in gutem Andenken stehen. Besonders zeichneten sich aus: Scheerer als seriöser, Wanner als Grotesktänzer, Wieland, Schnaithmann, Schweizerbarth, als Solotänzer. Als Solotänzerinnen: Ost (Henkel=Donners= mark), Roscher (Walbach), Glutsch (Krüger), Hörz, Opiz (Hackländer), Weiß u. a. m. Anfangs waren sie alle Kinder, aus denen aber Leute und Künstler wurden, mit denen auch ganze Ballete gegeben werden konnten. Sie bildeten den Stamm des heutigen Balletkorps, in welchem jedoch das männliche Geschlecht bekanntlich nicht mehr vertreten ist.

Obgleich Graf v. Leutrum dem Ballet, als seiner Schö= pfung, große Aufmerksamkeit schenkte, sorgte er doch gewissen= haft für tüchtigen Ersatz abgehender Kräfte im übrigen Kunst= gebiet. Für das Schauspiel wurde der als Naturbursche ausgezeichnete Meixner und als jugendlicher Liebhaber der elegante Moritz gewonnen, der Dobriz zu ersetzen hatte, welcher viele Jahre lang, namentlich Bonvivants, mit vielem Beifall gespielt hatte. Für Anstandsdamen und Mütter wurde Ma= dame Lange, eine sehr zuverlässige und pflichtgetreue Künst=

lerin engagirt. Als Tenor trat ein für erste Partien der berühmte Jäger, der Vater der beiden noch engagirten Söhne, der durch seine treffliche Schule glänzte, die er nach seinem Rücktritt von der Bühne als Lehrer an der neuformirten dramatischen Schule tüchtig zu verwerthen Gelegenheit fand. Auf ihn folgte Rauscher, der, obgleich er den Kulminations= punkt seiner Leistungsfähigkeit damals schon überschritten hatte, doch durch seine Gesangskunst die Gunst des Publikums in hohem Grade sich zu erwerben wußte und später im sechzig= sten Lebensjahre sogar den Raoul in den „Hugenotten" noch mit großer Bravour sang, obgleich dies nur vermöge seiner gründlichen Ausbildung möglich war, da er niemals über kolossale Stimmmittel zu verfügen gehabt hatte. Seine ge= diegene Methode bewährte sich als Lehrer an der dramatischen Schule, aus der zwei tüchtige Zöglinge von ihm ihre erste Verwendung fanden. Es war dieß Mlle. Grohmann im Koloratur= und Mlle. Steeger im dramatischen Fach. Mit Geschick verstand er es sich neben Rosner (Vater des Schau= spielers und Sängers) zu behaupten, der über ein mächtiges, und dabei doch überaus weiches und biegsames Organ gebot, Eigenschaften, welche sich nur ausnahmsweise bei Nicht=Ita= lienern vereint finden. Spielend überwand dieser die größten Schwierigkeiten und die Töne perlten aus seiner Kehle in Kadenzen und Fiorituren mit einer Geläufigkeit, um die ihn manche Sängerin beneidet haben mag. Sein Feuer elektri= sirte das Publikum und es wäre nicht zu verwundern, wenn die Anekdote Wahrheit wäre, daß er am Abend, ehe die Revolution in Brüssel im Jahr 1830 ausbrach, den Ma= saniello in der „Stummen von Portici" gesungen und da= für einen frenetischen Beifall eingeerntet habe, worauf un= mittelbar auf die neapolitanischen Bühnen= die belgischen

Straßen-Mordthaten von den Verschworenen in Scene gesetzt wurden, woran begreiflicher Weise Rosner ganz unschuldig war. Kurz darauf kam er hieher und wurde lebenslänglich engagirt. Nach etwa zehn= bis zwölfjährigem Wirken starb er zu Anfang der Vierziger Jahre in verhältnißmäßig noch frühem Lebensalter. An Rhode's Stelle, der mit Tod ab= gegangen war, wurde Gerstel als Buffo und Komiker berufen. Das Wirken dieses verdienstvollen, vielseitigen Künstlers ist noch zu sehr im Gedächtniß, als daß es einer Auffrischung bedürfte. Weniger allgemein erinnerlich dürfte aber der Um= stand sein, daß Gerstel's Engagement nach einem oder zwei Jahren nicht wieder erneuert wurde und er von hier schied. Pezold, dessen Stimme für große Partien nicht mehr aus= reichte, sollte dieses Fach ausfüllen. Bald zeigte es sich aber, daß der Humor allein noch nicht zum Buffo macht, sondern daß man auch zu individualisiren verstehen muß. Dieß konnte, wie schon oben angedeutet worden, Pezold nicht, und so wurden nach nicht langer Zeit neue Unterhandlungen mit Gerstel gepflogen, worauf er zum zweiten Mal an's hiesige Theater kam, um als Sänger, Schauspieler und Regisseur noch über 25 Jahre thätig zu sein und sein wohlverdientes Jubiläum zu feiern. Von neuen weiblichen Acquisitionen jener Zeit sind mit Auszeichnung zu nennen: Mlle. Evers für dramatische Partien, eine sehr schöne, mit sympathischer Stimme ausgestattete junge Dame und Mlle. Eder für lyrische Partien. Diese glänzte zwar nicht wie erstere als ein Meteor, dafür erwies sie sich als ein Mitglied von außerordentlicher Brauchbarkeit. Ihre schöne, wohlgeschulte Stimme gestattete ihr ein weites Feld des Wirkens, das sich ebenso auf jugend= lich dramatische, wie auf Soubrettenrollen ausdehnte. Ob= gleich heute noch thätig gehört diese Zeit ihres Wirkens der

Erinnerung an, die diese ehrende Anerkennung einer Sängerin schuldig ist, wie man sie heut zu Tage sehr selten mehr findet. Mlle. Basse, mit einem prachtvollen Alt, war eigentlich für den Gesang in der Schloßkirche bestimmt, doch bekam sie auch größere Partien (Tancred) und kleinere (Bipo in der „diebischen Elster") u. s. w. auf der Bühne zugetheilt. Mlle. Franchetti, als Soubrette, besaß zwar nur eine kleine, aber wohlgeschulte Stimme.

Von Komponisten waren, wie schon früher theilweise angedeutet, unter den Franzosen Auber, Boieldieu, Herold, später Adam, Halevy, von Italienern Bellini, Mercabante, Donizetti, und von Deutschen Weber, Spohr, Marschner, Lindpaintner, J. Benedict und Meyerbeer an der Tages= ordnung. Von letzterem war bis zur Mitte der dreißiger Jahre nur sein „Kreuzfahrer in Egypten" hier bekannt, der aber mit Ausnahme von ein paar Nummern wenig Glück gemacht hatte. Er war in süßlich italienischem Styl geschrieben, eine Nachahmung Rossini's, ohne dessen Naturwüchsigkeit. Als nun „Robert der Teufel" angekündigt wurde, gingen Viele mit einigem Mißtrauen und stark kritischer Stimmung in's Theater. Obgleich Rossini mit seinem „Tell", der aber hier auf vier Akte, und Auber mit seiner „Stummen" in fünf Akten, die durch Striche, namentlich eines großen Duetts im dritten Akt, stark reduzirt war, mit den drei traditionellen Aufzügen gebrochen hatten, schien eine viertehalbstündige Dauer, wie der Zettel verkündigte und fünf große Akte als eine wahre Monstruosität. Doch ging man hin, um die Aus= stattung zu sehen, die zehntausend Gulden gekostet haben sollte, aus welchem Grunde Robert auch eine zeitlang außer dem Abonnement gegeben wurde. Die Komposition schlug unter diesen Umständen deßhalb nicht entschieden durch, und es fehlte nicht an Stimmen, welche behaupteten, daß nur der

äußere Glanz das Werk gerettet habe, das, seines Flitter=
staates beraubt, gar nicht bestehen könnte und sich nicht lange
auf dem Repertoir erhalten werde. Seitdem sind vierzig
Jahre dahingegangen, und wie das Publikum jetzt urtheilt,
das beweisen die vollen Häuser, welche „Robert", sowie jede
der nachfolgenden Opern Meyerbeer's machen. Die „Huge=
notten" gingen erst zu Anfang der vierziger Jahre über die
Bretter; ihnen folgte „Der Nordstern", dann „Die Wallfahrt
nach Ploërmel" und nach des Komponisten Tode „Der
Prophet". Zum „Nordstern" war Meyerbeer selbst hieher=
gekommen, um die erste Aufführung zu dirigiren. Stuttgart
hatte damit zugleich die Ehre, die erste Stadt in Deutschland
zu sein, in welcher diese Oper unter diesem Titel gegeben
wurde. Bekanntlich entsprang sie aus dem „Feldlager in
Schlesien", welches Meyerbeer als königlich preußischer General=
Musikdirektor für Berlin komponirt hatte. Erst später unter=
legte er ein anderes Libretto, das in Paris mehr Anklang
finden sollte, als das spezifisch preußische „Feldlager" und
der Erfolg bewies, daß er richtig kalkulirt hatte. Er schrieb
noch eine Anzahl Nummern dazu und das Glück der Oper
war gemacht. Auch hier schlug sie entschieden durch, wozu
die treffliche Besetzung, die man ihr geben konnte, viel bei=
trug. Das Personal, welchem die Hauptrollen übertragen
waren, gehört aber einer späteren Epoche an, der hier vor=
ausgeeilt wurde, und so mag an dieser Stelle die Bemerkung
genügen, daß eine nochmalige Umarbeitung des Libretto,
unter Berücksichtigung delikater Verhältnisse hier, keine un=
dankbare Aufgabe für einen Dramaturgen wäre. Sie wäre
sogar sehr leicht, wenn man zum „Feldlager" zurückgriffe,
das man nicht gerade nach Schlesien verlegen müßte.

In die Zeit der Intendanz des Grafen v. Leutrum, mit

der wir es im Augenblick allein zu thun haben, gehören von Meyerbeer nur „Robert" und „Die Hugenotten"; neben diesen aber gingen viele andere große Opern, wie „Norma", „Die Puritaner", „Montecchi und Capuletti" von Bellini, „Anna Bolena" von Donizetti, „Der letzte Tag von Pompeji" von Mercadante, „Der Maskenball" und „Die Stumme von Portici" von Auber, „Die Jüdin" von Halevy, „Oberon" und „Euryanthe" von Weber, „Jessonda" und „Faust" von Spohr, „Templer und Jüdin" von Marschner, „Der Vampyr", „Die sicilianische Vesper" von Lindpaintner über die Bühne. Es würde zu weit führen, auch die kleineren und Spielopern alle zu nennen, welche in diesen Zeitraum fielen; die genannten genügen als Beweis der Thätigkeit, auf diesem Felde, die etwa vierzehn Jahre umfaßte.

Im Jahre 1838 ging Seydelmann — wie schon angedeutet, ab. Für ihn kam Heinrich Döring hieher, der, wenn er auch seinen Vorgänger an Tiefe und Gründlichkeit nicht erreichte, diesen dafür an Genialität übertraf und dadurch den Rang unter den ersten Kunstgrößen einnahm, was auch aus seiner Berufung nach Berlin. nach Seydelmann's Tod im Jahr 1843 ersichtlich ist, den er dort ersetzen sollte. Auch für Mlle. Peche traf ein tüchtiger Ersatz in Mad. Benesch ein. Sie war die Gattin des früher hier engagirt gewesenen Tenoristen, von dem sie aber getrennt lebte, weßhalb sie ihren Familiennamen Wittmann wieder annahm, unter dem sie allein hier auf dem Theater bekannt war. Ihre anmuthige Erscheinung und ihr kindlich naives Spiel erhielten sie lange als Liebling des Publikums. Sie starb aber frühzeitig als Gattin eines Herrn Jay, den sie in zweiter Ehe geheirathet hatte.

Nach dem Rücktritt des Grafen v. Leutrum im September

1841 wurde die Intendanz dem Freiherrn, jetzigen Grafen von Taubenheim übertragen. Als erster Stallmeister des Königs, mit der Exspektanz auf die Stelle des Oberstställ= meisters bei eintretender Vakatur, wurde dieser Personen= wechsel von Anfang an als ein provisorischer angesehen. Nichtsdestoweniger nahm Freiherr von Taubenheim das ihm anvertraute Amt mit der ihm eigenen seltenen Pflichttreue und Energie in die Hand. Aber obgleich Freund und Kenner der Kunst, war ihm doch der Mechanismus der Bühnen= leitung fremd. Er mußte sich erst in die Sache hineinar= beiten, welche ihm durch die Kräfte, die ihm zu Gebot standen, wesentlich erleichtert wurde. Als Dramaturg fungirte Kanz= leirath Bührlen, der als Novellist einen wohlverdienten Ruf genoß. Ganz besonders brauchbar zeigte sich aber Moritz, der mit seiner Gewandtheit als Regisseur und später als Oberregisseur sehr viel leistete. Weniger glücklich war dieser aber, als er später vom Liebhaber= in das Charakterfach überzugehen suchte, was für seine Individualität durchaus nicht paßte, so daß er schließlich seine Pensionirung nach= suchen mußte, wozu ihn noch überdieß körperliche Leiden veranlaßten. Neben ihm war auch Augusti gewonnen wor= den, der besonders Naturbursche mit Vorliebe und Beifall lange Zeit hindurch spielte, bis ihn Kränklichkeit und vor Kurzem der Tod vom Schauplatz abriefen. An dieser Stelle dürfte auch ein Mann zu erwähnen sein, der, obgleich er nicht auf den Brettern wirkte, doch eine feste Stütze der Oper war. Es ist dieß der Souffleur Korsinsky, ein Virtuos in seinem Fach, der so fest musikalisch war, daß er Sängern, die nicht ganz sicher waren, nicht nur den Ton beim Ein= fallen angab, sondern sogar einmal eine ganze Phrase sang, als einem Sänger plötzlich das Gedächtniß versagte und eine

Pause einzutreten drohte, ohne daß es im Saale bemerkt wurde. Lange Zeit hindurch gab er alljährlich, bis zu seinem Tode, ein Jahrbuch des Hoftheaters heraus. Auf ihn folgte Rhode, ein gutgeschulter Sänger, der in seiner Jugend als Cinna in der „Vestalin" hier gastirte. Mit einem solchen Stamm bewährter Kräfte konnte leicht fortgearbeitet werden, denn auch Döring hatte in Lußberger einen verdienstvollen Nachfolger im Charakterfach erhalten. Die entstehenden Lücken wurden mit Umsicht ersetzt, so daß das Kunstinstitut stets auf gleicher Höhe erhalten wurde. Ein besonders glücklicher Griff war die Gewinnung Grunert's, dessen Wirken noch in zu frischem Andenken ist, als daß es in alten Rückerinnerungen eine Stelle zu suchen hätte. Auch jugendliche Talente wurden herbeigezogen, wie Mlle. Petitjean, für das naive Fach, das sie bis zu ihrem Rücktritt von der Bühne, bei ihrer Vermählung mit Grunert, mit vielem Beifall vertrat. Einige andere, die, damals wenigstens, nicht als genügend erfunden wurden, mußten bald wieder entlassen werden. Für die Oper wurden Mlle. Emilie Walter als Primadonna, Mlle. Oswald für jugendlich-dramatische und Mlle. Pobuda für kolorirte Partien gewonnen. Für das Ballet wurde Fenzel als Meister, sein Sohn und seine Tochter als Tanzende engagirt. Zwei neu Angestellte jener Zeit glänzen heute noch in unserem Personal: Herr Löwe und Mme. Wenzel. Beide mußten klein anfangen, indem an dem Princip festgehalten wurde, nur bewährten Künstlern erste Partien anzuvertrauen. Fleiß, hervorragendes Talent und glückliche Umstände brachten aber, eines wie das andere überraschend schnell in die Höhe. Gar bald konnte Löwe das Fach des alternden Maurer, der Heldenliebhaber, übernehmen, wobei ihm seine vielseitige Bildung sehr zu statten kam, und seine Leistungen als Faust,

Essex, Leicester, Posa, Tell, Bolingbroke, Rochester u. s. w. bleiben älteren Theaterbesuchern unvergessen. Später rückte er in die Regie ein, in der sein feiner Kunstsinn sich offenbarte und worin er noch thätig ist, doch wurde er indessen Charakterdarsteller, welche Leistungen jedoch, gleich seinen Verdiensten als Lyriker, der Gegenwart angehören. Ganz besonders begünstigt war Mme. Wenzel, damals noch Mlle. Sieber, welcher nach dem Ausscheiden der Mlle. Stubenrauch (1846) deren reiches Rollenfeld zufiel. Ein Ersatz war nicht so rasch zu finden und so unternahm es das junge Mädchen, Nachfolgerin einer bedeutenden und hochgefeierten Tragödin zu werden. Die Aufgabe war groß und man bangte für das schlanke, fast zarte Wesen, das von nun an eine „Maria Stuart", Elisabeth in „Don Carlos", Johanna in „Jungfrau von Orleans" u. s. w. spielen sollte. Ihre glückliche Naturgabe, ausdauernder Fleiß, das Vorbild der ausgeschiedenen Meisterin und der gründliche Unterricht durch Mlle. Luise Beck, Lehrerin der durch Graf Leutrum neu ins Leben gerufenen dramatischen Schule, halfen über alle Schwierigkeiten rasch hinweg und machten sie zu der Künstlerin, als welche sie heute noch, wenngleich im älteren Fach, wirkt. In wie weit es für sie künstlerisch besser gewesen wäre, wenn sie einige Jahre hindurch an verschiedenen auswärtigen Bühnen sich hätte durchkämpfen müssen, ist eine müßige Frage, die keinesfalls hieher gehört. Ein ähnliches Glückskind jener Zeit hat auch die Oper in Mlle. Waldhauser aufzuweisen. Als blutjunges Mädchen kam diese mit ihrem Vater hieher, um sich in jugendlichen, kolorirten Partien zu versuchen und schlug mit ihrer wohlgeschulten, glockenreinen Stimme beim ersten Auftreten schon so durch, daß sie sogleich engagirt wurde. Den einzigen Zweifel, den man hegte, ob ihr Organ auch für größere Räume ausreichend sei, beseitigte sie, sobald ihr hiezu Gelegenheit geboten wurde. Ihr erstes Auftreten fand nämlich in dem kleinen königlichen Theater in der Wilhelma statt, wo während des Umbau's des Hoftheaters im Jahr 1846, ebenfalls wie im provisorischen Residenztheater im weißen Saal des Residenzschlosses, Vorstellungen stattfanden. Leider war diesem großen Talente kein langes Wirken vergönnt, denn Mlle. Waldhauser starb schon 1849 am Typhus. Den Abend vor ihrem Erkranken sang sie noch die Anna in der „weißen Frau" und mit den recitirend gesungenen Worten: „Ich erscheine heut' zum letzten Mal" schied sie von den Brettern und wenige Tage darauf aus dem Leben, tief betrauert von allen Kunstfreunden. Der Aberglaube bemächtigte sich alsbald dieser ominös gewordenen Worte und war nicht leicht zu besiegen, trotz des unschweren Beweises, daß diese Phrase im Text steht und schon tausendmal von Anderen gesungen worden ist. Eine weitere Acquisition von damals war das Engagement des Herrn von Kahler, als Ersatz für Dobler. Obgleich mehr Baßbariton als tiefer Baß verstand er doch durch richtige Verwendung seiner Mittel seine Stelle auszufüllen; auch machten ihn sein elegantes, degagirtes Spiel, sowie sein Humor in Spielopern und heiteren Vaudevilles sehr verwendbar. Dabei kam ihm namentlich seine Meisterschaft im österreichischen Dialekt sehr zu statten. Aber auch ihn suchte eine Halskrankheit heim, wodurch eine Verlängerung seines Kontrakts abgeschnitten wurde. Der Bariton war in den Händen Arndt's, der Pezold zu ersetzen hatte und mit seiner frischen, jungen Stimme viel Glück machte. Als gewandter Darsteller wirkte er auch im Schauspiel und seine unermüdliche Pflichttreue hätte ihn noch lange auf der Bühne in Thätigkeit erhalten, wenn nicht ein

Augenleiden ihm die Ausübung seines Berufs zur Unmöglichkeit gemacht hätte. Noch ist eines Mitglieds zu gedenken, das als zweiter Baß zwar keine hervorragende Stelle einnehmen konnte, aber als tüchtiger Musiker und Lehrer nicht zu unterschätzende Verdienste sich erwarb. Es ist dies Schucker, der später im „Prophet" eine anerkennenswerthe Probe seiner Befähigung der Schulung der Knabenstimmen ablegte, die unter ihm den Chor in der Kirche einstudirt hatten.

Durch die Beförderung des Freiherrn von Taubenheim zum Oberststallmeister im November 1845 konnte bei ihm von einer ferneren Leitung der Bühne nicht wohl mehr die Rede sein und man mußte sich deshalb nach einer hiefür passenden Persönlichkeit umsehen. Es wurden Unterhandlungen mit Herrn von Küstner in Berlin angeknüpft, der sich selbst angeboten haben soll, weil ihm seine Stellung an dem dortigen Königlichen Hoftheater nicht mehr zusagte. Als es aber zum Abschluß kommen sollte, schrieb Herr von Küstner mit dem Bemerken ab, daß er Berlin unmöglich verlassen könne. Es waren ihm dort bedeutende Konzessionen gemacht worden, um die es ihm vielleicht allein zu thun gewesen, und welche er durch die Zwischenunterhandlungen gefördert hatte, wenn es ihm überhaupt mit Stuttgart Ernst gewesen. Als Beweis seiner Erkenntlichkeit für das ihm zu Theil gewordene Zutrauen, wahrscheinlich aber, um sich auf die glimpflichste Weise aus der Affaire herauszuziehen, schlug er den Intendanten der großherzoglichen Hofbühne in Oldenburg, Baron von Gall an seiner Stelle, als einen durchaus passenden Mann vor. Dieser hatte damals seine Broschüre: „Der Intendant, wie er sein soll", veröffentlicht, die so viel Richtiges und Schönes enthielt, daß man wohl glauben konnte, mit ihm die rechte Wahl zu treffen, und bald darauf erfolgte seine

Ernennung zum Königlichen Hoftheaterintendanten und Kammerherrn. Mit ihm begann eine Art neuer Aera, in welcher gar Vieles anders wurde, als es seither gewesen war, und da diese in das Jahr 1846 fällt, somit schon ein Zeitraum von mehr als dreißig Jahren dazwischen liegt, so gehört wenigstens ein Theil dieser Epoche der Erinnerung an. Die Thätigkeit des Baron von Gall begann in dem glänzend neu hergestellten Theater, dessen brillant mit Gas erleuchteter Saal einen starken Kontrast gegen den früheren mit Oellicht erhellten bildete, bei welchem man vom Parterre aus die nicht in erster Reihe sitzenden Personen der Galerien schwer, oder nur mit sehr scharfen Gläsern erkennen konnte. Auch die Beleuchtung der Bühne hatte vieles zu wünschen übrig gelassen; aber weil man es nicht besser gekannt hatte, erstaunte man erst jetzt darüber, wie Vieles früher verloren gegangen war. Das Publikum war entzückt, als es zum ersten Mal diesen Glanz zu sehen bekam und erwartete das Beste von der Leitung eines Mannes, der so viel versprechend mit seiner Broschüre sich eingeführt hatte. Ein ergiebiges Feld seines Wirkens lag vor ihm, da er bei großer Machtvollkommenheit über bedeutende Mittel und ein tüchtiges Stammpersonal zu verfügen hatte, dessen von Zeit zu Zeit immer wieder nothwendig werdende Ergänzungen unter den gegebenen Verhältnissen keine schwierige Aufgabe war. Das Vertrauen in die neue Leitung war so groß, daß selbst das Engagement mehrerer neuen Mitglieder, ohne vorangegangene Gastrollen, unbedenklich hingenommen wurde, obgleich damit von der seither befolgten Regel abgewichen wurde, nach welcher dem Publikum insofern eine Mitentscheidung eingeräumt worden, als eine Anstellung von dem Beifall abhing, den es einem Fremden spendete. Die Intendanz hatte klüglich diesen

Gebrauch eingeführt, um sich dadurch gegen etwaigen Tadel zu decken, der später aus möglichem Mißgriff erwachsen konnte. Man vertraute aber diesmal der höhern Intelligenz und wartete geduldig den Erfolg ab. Dieser war aber keineswegs günstig, indem sämmtliche Neuengagirten nach kurzer Zeit wieder entlassen werden mußten, ohne selbst nur eine Erinnerung an ihre Namen zurückzulassen. Darunter befand sich unter anderen auch eine Sängerin, welche, unglaublich aber doch wahr, gar keinen Stimmklang besaß. Merkwürdiger Weise hatte sie eine recht gute Schule und verstand zu singen, aber was sie vortrug, klang gerade so wie die Töne einer Holzharmonika, auf der man allerdings hübsche Melodien spielen kann, denen aber die Klangfarbe fehlt. Man war förmlich verblüfft, als sich dieses Unikum auf der Bühne als Tancred oder Romeo — es war eine Männerrolle — hören ließ, und man fragte sich, wie es möglich sei, einer derartigen Sängerin auch nur ein einmaliges Auftreten zu gestatten. Allerdings war sie eine sehr schöne, stattliche Erscheinung, deren Aeußeres leicht blenden konnte. Das Räthsel dieses Mißgriffs löste sich dadurch, als man später erfuhr, Baron von Gall habe sich früher nie mit Musik beschäftigt, auch sei ihm in Oldenburg keine Oper unterstellt gewesen. Wie sehr er hierin Neuling war, zeigte sich, als „Norma" gegeben wurde, die damals schon seit vielen Jahren überall eingebürgert war, die er aber noch nie gesehen hatte. Es gab dieser Umstand Lindpaintner, der kein Verehrer der modernen italienischen Musik war, Veranlassung zu der sarkastischen Bemerkung, als diese Oper angesetzt war: „Morgen ist Norma, die der Herr Intendant so glücklich ist, noch nie gehört zu haben." Der Mangel an musikalischem Verständniß trug aber nicht allein die Schuld an einem derartigen

Mißgriff, sondern der Grund lag ebenso sehr in der impressionablen Natur des Barons, welche ihn veranlaßte, bei weiblichen Engagements seine Sympathie oder Antipathie zu Rath zu ziehen. Wohin dieß führen kann, zeigte sich in diesem, sowie in manchem späteren Fall sehr augenfällig. Es kamen dadurch Anstellungen zu Stande, von denen das Publikum nichts wissen wollte, und wurden Mitglieder wieder entlassen, welche sich Beifall erworben hatten, oder wurden Gäste nicht angestellt, die man gerne festgehalten gesehen hätte. Mehr als ein vielversprechendes Engagement kam durch Unschlüssigkeit oder zu langes Zögern nicht in Ordnung. So soll namentlich Frau Frieb-Blumauer, welche für Mütter und Anstandsdamen gewonnen werden sollte, dadurch uns verloren gegangen sein, indem Berlin sie gewann. Ebenso ging es mit Mlle. Mallinger, welche die Münchener Intendanz rasch engagirte. Mlle. Stehle gehörte schon Stuttgart als Chorsängerin, ebenso Nachbaur als Chorsänger an, wurden aber wegen ungenügender Leistungsfähigkeit aus dieser bescheidenen Sphäre entlassen, um nicht lange hernach als Kunstgrößen ersten Rangs in München zu glänzen. Die spätere Erkenntniß dieser irrigen Beurtheilungen großer schlummernder Talente nützte leider nichts mehr, nachdem diese beiden in feste Engagements getreten waren.

Die ersten Fehlgriffe wurden indessen im Lauf der Zeit durch Gewinnung tüchtiger Kräfte ausgeglichen, von denen mehrere noch in Thätigkeit sind und somit nicht der Erinnerung angehören. Von Herren der vielseitige, treffliche Pauli, Schmitt, Rosner, bei seinem Eintritt vorzugsweise Bariton, A. Jäger lyrischer Tenor, Hromada Bariton, Buffo, Schauspieler, Wenzel früher Liebhaber, jetzt schätzbarer Charakterdarsteller, Stritt Heldenliebhaber. Von Damen: die gewandte

Mlle. Steinau, vom Fach der naiven Liebhaberinnen in welchem sie sehr gefeiert war, in das der komischen Alten übergetreten; Mme. Fricker, welche aus der dramatischen Schule hervorgegangen, früher manche bedeutende jugendliche Partien, wie unter andern aushilfsweise die Jungfrau von Orleans spielte, sowie Mme. Behringer, ehemals vielfach als Anstands= dame verwendet, jetzt ebenfalls in's ältere, chargirte Fach übergegangen und last not least Mme. Wahlmann=Willführ, die aber erst seit 1866 der hiesigen Bühne angehört und somit das jüngst engagirte Mitglied ist. Eine ziemliche An= zahl Anderer ist nach kürzerer oder längerer Zeit ausgeschieden, die ohne Berücksichtigung der Reihenfolge hier erwähnt werden sollen: Simon für chargirte ältere Partien; Kopka, Sazger, A. Schmid, Nolte, Maier, Eduard für zweite Liebhaber; Otto Devrient für dasselbe Fach, dem, so jung er war, ver= möge seiner vielseitigen Bildung, schon damals die Laufbahn seines Vaters, mit dessen Darstellungsweise er so vieles gemein hatte, prognostizirt werden konnte. Weber, der viele Jahre lang Väter und Helden mit Erfolg spielte, bis schwere Leiden seinem Wirken ein Ende machten. Robert dessen eminentes Talent für Charakterrollen zu keiner Entwicklung gelangen konnte, weshalb er wegging, um bald darauf in Berlin hohe Anerkennung zu erwerben. Burkhart, ohne bestimmtes Rollenfach, zugleich Inspicient bis er starb. Nach ihm versah dieses Amt Mayerhöfer, der freiwillig zurücktrat. Birnbaum der treffliche Komiker, der gleich einem Krieger in seinem Beruf starb, indem ihn der unerbittliche Tod durch einen Schlagfluß, während der Darstellung der „Karlsschüler", nach einer ergreifenden Scene, als Sergeant Bleistift, vom Schauplatz abrief. Ferner Pfeifer, der in kleineren Partien in Oper wie Schauspiel gut verwendbar war, welcher starb. Rüthling, der namentlich im Vaudeville excellirte, Böckel, sowie dessen Nachfolger von Proski, welche beide ernste Liebhaber spielten und deren Kontrakte nicht erneuert wurden, was auch bei Weidt, dem gewandten Episodendarsteller und Bohrer, Bariton, der Fall war.

Den meisten Abgang weist die Damenwelt auf. Das Ballet kann wegen des allzu häufigen Wechsels außer Betracht bleiben. Im Schauspiel: Mme. Kettel ernste Mutter, in jüngern Jahren, damals Mlle. Höpfer, als Liebhaberin schon hier engagirt, war wegen ihrer Verheirathung nach Braunschweig gegangen und kehrte nach Pensionirung ihres Gatten nach Stuttgart zurück, wo sie als Matrone die jugendlichen mit der ihrem Alter angemessenen Rollen vertauschte, worin sie sich trefflich zurecht fand. Mlle. Schäfer und Mlle. Wimmer, deren Kontrakte nach Ablauf nicht verlängert wurden; beide spielten naive Liebhaberinnen mit mehr oder weniger Glück. Mlle. Bröge, erste Liebhaberin und Anstandsdame, die aber öfter als krank und unpäßlich, wie als aktiv auf dem Theaterzettel figurirte. Obgleich fest engagirt mag sie selbst gefühlt haben, daß sie ihr Rollenfach nicht auszufüllen vermöge und so benützte sie einen an und für sich unbedeutenden Vorfall auf der Bühne um ihre Entlassung zu fordern, die ihr sogleich gewährt wurde. Sie hatte sich nämlich als Julia durch eigenes Versehen mit Romeo's Dolch leicht verwundet und dieß für absichtlich gehalten, was außer ihr kein Mensch sonst glaubte. Ein reicher Ersatz für sie fand sich in Mlle. Wilhelmi, nachmalige Mme. Eulenstein, die vermöge ihrer eleganten Erscheinung und reichen künstlerischen Begabung ihre Vorgängerin weit in Schatten stellte. Nach ihrem Abgang von hier trat sie in das Privatleben zurück. Mlle. Widmann für ernste Mütter, nach dem Tode der Mme. Kettel

angestellt, wurde nach Ablauf ihres Vertrags hier von Mann=
heim gewonnen. Eben dahin war auch Mme. Dessoir ge=
gangen, die lange vor ihr dasselbe Fach gespielt hatte. Die
reich begabte Mlle. Glenk vertauschte die muntere Liebhaberin
mit dem Ehebund und trat deshalb von der Bühne zurück.
Außer diesen gingen in verschiedenen Zeitabschnitten, ebenfalls
ohne Berücksichtigung der chronologischen Reihenfolge, die an
und für sich bedeutungslos ist, ab: Mlle. Gräcmann, die
in Darmstadt und Mlle. Meyer, die in München angestellt
wurde. Beide waren als muntere Liebhaberinnen beschäftigt
gewesen. Mlle. Klettner und Mlle. Bissinger verließen die
hiesige Bühne erst nach dem Rücktritt des Barons v. Gall, da
ihre Kontrakte als erste Liebhaberinnen von der neuen Direk=
tion nicht verlängert wurden. In der Oper gingen ab, von
Herren: Lipp, Bassist, wegen unzureichender Höhe nicht durch=
aus verwendbar; Wallenreiter, Bariton, der als Liedersänger
mehr Glück zu machen hoffte als auf der Bühne, für die
seine Stimmkraft nicht ausreichte, welche gute Schule allein
nicht genügend ersetzen kann; Sigmund Jäger, Tenor, ob=
gleich gelungener Schüler seines Vaters, vermochte doch nicht
den nachhaltigen Erfolg zu erzielen, der ihm auswärts zu
winken schien; Desselberg Bassist, mit mächtigem Organ aus=
gerüstet, besaß nicht hinreichende musikalische Bildung um
nützlich verwendet werden zu können; Hablawez, Bariton,
gelangte nicht über den Eleven hinaus; man ließ ihn nach
Wien ziehen, wo sein Talent und seine schöne Persönlichkeit
besser gewürdigt wurden als hier. Von Damen schieden aus:
Mlle. Stiepanek, jugendliche dramatische Sängerin, Mlle.
Roller, Koloratursängerin, eine Zeitlang als Doublette für
Mme. Marlow angestellt, die auf ein Jahr nach Wien mußte,
weil mit Erneuerung ihres hiesigen Vertrags zu lange ge=

zögert worden war. Mme. Schreiber-Kirchberger, von der behauptet wurde, sie habe einen Buchstaben zu viel in ihrem ersten Namen. Mme. Bennewitz, jugendlich dramatische Sängerin mit sehr schöner Stimme, ging mit ihrem Gatten ab, der im Orchester erste Violine spielte und ohne den sie auf der Bühne nicht bestehen zu können meinte. Mlle. Rhode, die, obgleich für Soubretten engagirt, vermöge eines sehr reichen Repertoirs, ihrer tüchtigen musikalischen Schulung und ihres ausgiebigen Soprans selbst in erste Partien einspringen konnte. Mme. Mara, Koloratursängerin, war ebenfalls während der Abwesenheit der Mme. Marlow für hier gewonnen, ging daher nach Ablauf ihres nur für kürzere Zeit eingegangenen Vertragsverhältnisses wieder ab.

Mlle. Schröder, jugendliche Koloratursängerin, deren gediegene musikalische Bildung von Kennern des Gesangs stets anerkannt wurde, verließ die Bühne, als sie sich mit A. Jäger vermählte. Mme. Howitz, Koloratur- und dramatische Sängerin, die ihr hiesiges Engagement mit dem in Karlsruhe vertauschte, wohin Debrient sie zog, weil er ihre bedeutende Leistungsfähigkeit erkannte, die er gehörig zu verwerthen verstand. Mlle. Eschborn, bei ihrem Antritt des hiesigen Vertragsverhältnisses kaum dem reifern Kindesalter entwachsen, deßhalb aber doch mit einer ausgiebigen, schönen Stimme von großem Umfang ausgestattet und fest musikalisch geschult, schied von hier, weil ihr kein entsprechender Wirkungskreis angewiesen wurde. Sie ging nach Italien, wo sie unter dem Namen Frassini (eine Art Uebersetzung von Eschborn in's Italienische) sich einen großen Ruf erwarb. Durch Vermählung mit einem fürstlichen Herrn, dem sie morganatisch angetraut wurde, trat sie aber bald vom öffentlichen Schauplatz ab und erfreut jetzt nur noch als verwittwete Baronin von Grünhof in befreundetem Kreise die Verehrer ihrer eminenten Gesangskunst. Mme. Palm=Spatzer, eine edle Erscheinung mit höchst sympathischer Stimme ausgerüstet, glänzte vorzugsweise in jugendlich=dramatischen Partien, die ihrem Naturell mehr zusagten als die Darstellung heftiger Leidenschaft, was wohl der Grund gewesen sein mag, weßhalb ihr Engagement nicht verlängert wurde. Der völlige Gegensatz von ihr war ihre Nachfolgerin, Mlle. Würst, später Frau Dr. Leisinger, als Primadonna. Diese glänzte mit Unterbrechung eines Jahres, in welchem sie nach Braunschweig gegangen war, lange Zeit in hochdramatischen Rollen. Ihr Gesang und Spiel, sowie ihre Schönheit und stattliche Gestalt machten einen blendenden Eindruck und verschafften ihr als Donna Anna, Norma, Fides, Fidelio u. s. w. einen enormen Succeß. Aber eben dieses ungemeine Feuer mag die Ursache ihres zu frühzeitigen Abtretens von der Bühne gewesen sein. Ihre Nachfolgerin, Mme. Ellinger, gebot zwar über schöne Stimmmittel, aber sie verstand es nicht das Publikum hinzureißen, auch hatte ihr Repertoir engere Grenzen, was eine Verlängerung ihres Kontraktes bedenklich gemacht hätte. Dennoch mußte ihr zuvor eine jugendliche Kraft weichen, die mit ihr zugleich angestellt war: Mlle. Ehnn, eine äußerst anmuthige Erscheinung, mit einer prachtvollen Stimme begabt, wurde wegen ihr bei Seite geschoben, weßhalb sie vor Ablauf ihres Vertrags um ihre Entlassung einkam, die ihr auch gewährt wurde. Sie ging nach Wien, wo man sie mit offenen Armen aufnahm und wo sie in den Rollen Triumphe feiert, welche die Intendanz hier ihr vorenthielt. Mlle. Marschalk, obgleich nicht von hier abgegangen, gehört insofern der Erinnerung an, als sie in ihrer jüngeren Zeit, obwohl eigentlich Altistin, manche kolorirte Partien mit vielem Beifall sang. Der gleiche Umstand trifft bei Mme. Marlow zu, die auch jetzt noch in ihrem engern Wirkungs= kreise eine Perle unserer Oper ist. Ihr umfangreiches Re= pertoir machte sie in ihrer Glanzperiode zu einem schwer er= setzbaren Mitglied des Instituts. Das Volumen ihrer klang= vollen, weichen und umfangreichen Stimme befähigte sie eben= so zur dramatischen wie zur Koloratursängerin, gleich wie ihr gewandtes Spiel ihr Pagen= und Soubrettenrollen leicht machte. Es ist nicht zu viel gesagt, wenn man sie eine Spe= zialität nennt, wie man sie selten trifft, die aber die Inten= tanz nie genügend zu verwerthen verstand. Eine kürzere Zeit hindurch war auch Mlle. Kathinka Heinefetter als Ko= loratursängerin hier, die aber nicht das Talent ihrer Schwester Sabina besaß. Eine werthvolle Acquisition war Mlle. Klettner für jugendliche kolorirte Partien. Von Graz aus hatte sie hier mit großem Erfolg gastirt und durch ihre reizende Per= sönlichkeit, schöne Stimme und Gesangskunst allgemeinen Beifall gewonnen. Die Zerlinen in „Don Juan" und „Fra Diavolo", „Wanda" in der Oper gleichen Namens von Doppler in Wien, „Violetta" in der hier umgetauften „Tra= viata", „Rosa Friquet" im „Glöckchen des Eremiten", „Un= dine" u. s. w. waren treffliche Leistungen von ihr. Ohne den mit ihr abgeschlossenen Vertrag, in welchem ihr eventuell zu große Pensionsansprüche eingeräumt waren, befände sie sich vielleicht noch hier.

Noch ist eine jugendlich=dramatische Sängerin zu er= wähnen, welche aber auch schon nach ein paar Jahren wieder ausschied. Es ist dies Mlle. Mayerhöfer, die sich durch ihre tüchtige musikalische Bildung, edles, gemessenes Spiel und gut geschulte Stimme auszeichnete. Sie vertauschte aber ihre hiesige Stellung mit Mannheim, wohin sie von Kapellmeister

Lachner, der sie hier gehört und gewürdigt hatte, gezogen wurde. Sie hat indessen die Bühne verlassen und geheirathet. Der Abgang der Damen von Tellini, Schuppler und Schütky fällt in die neuere Periode und bedarf deshalb keiner Auffrischung. Unter den männlichen Mitgliedern, welche nach längerer Dienstzeit der Oper entgingen und in die Epoche der Bühnenleitung des Barons von Gall gehören, sind noch anzuführen: der tüchtige Bassist Lehr, der mit einer schönen vollklingenden Stimme hieherkam, vielseitig verwendbar sich zeigte und mit anerkennenswerther Pflichttreue sein Fach ausfüllte, bis eine Krankheit sein Organ derart alterirte, daß er von der Oper in das Schauspiel übertreten mußte, in dem er, wie bekannt, jetzt noch thätig ist. Innerhalb weniger Jahre war er der dritte Bassist, welcher auf diese Weise dem hiesigen Theater verloren ging. Einige Zeit hindurch blieb dieses Fach ungenügend vertreten, indem mehrere Versuche nicht nach Wunsch ausfielen. Robiczek's Anstellung machte dieser Noth ein Ende, der mehrere Jahre den tiefen Baß mit Beifall vertrat. Er schied aber nach Ablauf seines Kontrakts, weil seiner Anforderung schärferer Begrenzung der Rollenkompetenz und damit verbundener Gagebestimmung nicht entsprochen wurde. Während der eben angedeuteten Zwischenzeit hätte es um manche Opernvorstellung mißlich ausgesehen, wenn nicht der Baritonist Schütky, seit länger schon eine Zierde der Oper, eingesprungen wäre und tiefe Partien übernommen hätte, wozu ihn die markige Kraft seiner prachtvollen Stimme in unterer wie in oberer Lage befähigte.

Das Baritonfach war damals auf eine Weise besetzt, wie kaum ein anderes Theater in Deutschland es aufzuweisen vermochte, denn Pischek, der deutsche Lablache, gehörte ja seit 1844 ebenfalls unserer Bühne an und gebot damals über den ganzen Umfang seines mächtigen Organs, das bis in die Tenortöne hinauf reichte, mit denen er hochliegende Partien, wie Zampa, Rigoletto, Jäger im „Nachtlager", Aubry im „Vampyr" von Lindpaintner, „Hans Heiling" von Marschner und andere mehr mit einer Innigkeit und Zartheit des Tons sang, die merkwürdig gegen die mächtigen Töne kontrastirte, die einer Hochfluth gleich in heroischen Partien seiner Brust und Kehle entströmten. Als Don Juan im Finale des ersten Akts, Nebucadnezar von Verdi, der Alte vom Berge in „Die Kreuzfahrer" von J. Benedict, Peter Iwanoff in „Czar und Zimmermann" von Lortzing, Jäger im „Nachtlager in Granada" von Kreutzer, Zampa von Herold, Belisar von Donizetti, Lusignan in „Die Königin von Cypern" von Halevy u. s. w. steht er unübertroffen da. Ebenso ausgezeichnet war er im Vortrag von Liedern, von denen gar manche für ihn geschrieben wurden, welchen er auf seinen vielen Kunstreisen Eingang und Popularität verschaffte und womit er recht ansehnliche Summen sich verdiente. Seinen viermonatlichen Urlaub brachte er zum größten Theil in England zu, wo er aber ausschließlich in Koncerten sang; auf dem Kontinent dagegen gastirte er auf den Theatern, wodurch er sich einen großen Namen erwarb. Es mag sein, daß den allzu großen Anstrengungen selbst diese Riesenstimme nicht zu widerstehen vermochte, denn viel zu früh für die Kunst mußte Pischek, in noch kräftigem Mannesalter, in Pensionsstand treten. Es war dies für einen Mann von seinem Feuereifer, der neben seiner Familie nur für Musik glühte, sehr hart, und er empfand es schmerzlich, daß er nicht wenigstens hie und da in einer seiner Forcerollen, in denen er mehr durch die Macht seines Organs als durch Schmelz der Töne Erfolg erzielt hatte, als Gast aufzutreten aufgefordert wurde. Die

Erfüllung dieses stillen Wunsches hätte dem verdienten Künstler große Freude gemacht und der Kasse Geld eingetragen, denn sein Name hatte sich einen solchen Klang bewahrt, daß alle seine zahlreichen Verehrer sich eingefunden hätten. Die Hindernisse, welche sich in den Weg gestellt haben mögen, wären von einer energischen Bühnenleitung leicht zu beseitigen gewesen. Ihm folgte Bertram, dessen Leistungen, als der Gegenwart noch angehörig, genügend bekannt sind.

Gleich trefflich wie der Bariton war der Tenor vertreten. Im Jahr 1851 wurde Sontheim angestellt. Er war zwar hier zum Sänger ausgebildet worden, hatte aber keine Anstellung erlangen können und war nach einem Gastspiel in Berlin nach Karlsruhe gegangen, wo er neben dem renomirten Haizinger engagirt wurde. Daß er unter diesen Umständen gerne einem Rufe nach Stuttgart folgte, ist leicht begreiflich, obgleich anfangs gegenüber von dem Veteranen Rauscher ein ähnliches Verhältniß wie in Karlsruhe sich ergab. Als weit jüngerer Mann konnte er aber den Zeitpunkt ruhig abwarten, in welchem ihm der ganze Wirkungskreis zufallen mußte, wozu ihn seine eminente Stimme berechtigte. Sein erster Vertrag, obgleich er auf feste Anstellung mit Pensionsberechtigung lautete, enthielt die Bestimmung, daß er nach einer gewissen Anzahl Jahre erneuert werden sollte. Diesen Paragraphen ließ aber die Intendanz außer Acht; die rechtzeitige Erneuerung erfolgte nicht und Sontheim stand es frei, ein anderes Engagement anzunehmen, das ihm nicht fehlen konnte. Um ihn zu erhalten, mußten neue Unterhandlungen mit ihm angeknüpft und ihm weit günstigere Bedingungen als zuvor zugestanden werden. Diese betrafen hauptsächlich erhöhte Gage und Pensionssumme, sowie außergewöhnlichen Urlaub. Ueber seine Leistungen eingehend zu berichten, ist deshalb unnöthig, weil er wenigstens theilweise uns noch angehört und von Zeit zu Zeit seine Verehrer in einzelnen Rollen erfreut. Seine Stimme zeigt nach 26 Jahren noch eine wunderbare Kraft und Fülle, um die ihn Jüngere sehr beneiden mögen und die es ihm möglich gemacht hätte seine Stellung zu behaupten, wenn er nicht vor einigen Jahren geglaubt hätte, in Folge eines körperlichen Gebrechens seine Pensionirung nachsuchen zu müssen. Diese konnte ihm auf die beigebrachten ärztlichen Atteste hin nicht versagt werden, und so ging er durch Nichtausübung seiner Kunst längere Zeit für diese verloren. Sein Leiden scheint nun aber entweder gehoben oder, was wahrscheinlicher ist, überschätzt worden zu sein. Er kehrte zur Bühne zurück, singt eine festgesetzte Anzahl Rollen hier und hat zugleich erreicht, daß er, gleichsam als Ehrenmitglied unserer Bühne, zu auswärtigen Gastrollen berechtigt ist. So war er dieses Frühjahr in Wien, wo er im Laufe einer Woche fast so viele Rollen sang, als früher hier in einem Monat; er trat sogar, nach Wiener Blättern, an zwei Abenden hintereinander auf, was er selbst in seiner kräftigsten Zeit hier nicht leisten zu können meinte.

Uebrigens muß er von jeher in einem gewissen Kampfe mit sich selbst gewesen sein, denn schon in den ersten Jahren seines Hierseins hielt er sich wegen eines krankhaften Reizes in der Kehle monatelang von Ausübung seiner Kunst fern, so daß ein Anderer für ihn eintreten mußte. Es war dieß häufig Franz Jäger, und dieser Umstand macht es zur Pflicht, dieses Künstlers an dieser Stelle zu gedenken, der, obgleich für lyrische und Spielpartien engagirt, in welch' letztern er, namentlich in komischen Rollen, Ausgezeichnetes leistete, vermöge seiner gediegenen musikalischen Begabung und technischen

Ausbildung gar häufig erste Partien zu übernehmen hatte. Nicht immer erntete er aber dafür den Dank des Publikums, den er verdient hätte, denn die Aufgabe ist nicht klein mit einer nicht für dieses Fach ausgestatteten Stimme für einen Kollegen einzutreten, dem eine Ueberfülle zu Gebot stand. Bei langer Dienstzeit vergißt sich gar leicht, was ein Künstler in jüngeren Jahren geleistet hat. Ebenso ging es auch Braun, dem tüchtig geschulten Tenoristen, der mit seinem reichen Repertoir zum doubliren leicht verwendbar war. Ein fortwährender Vergleich zwischen ihm und Sontheim mußte natürlich zu seinem Nachtheil ausfallen, was schließlich seinen Abgang von hier zur Folge hatte.

Die Bewegungszeit von 1848 und 1849 blieb nicht ohne Rückwirkung auf das Theater, und es war damals ernstlich die Rede von Auflösung desselben. Vorübergehende Kontrakte wurden gekündigt, feste Verbindlichkeiten sollten abgelöst und wer kündbar war, entlassen werden. Einige Mitglieder vom Chor machten sich die Umstände zu Nutzen, ließen sich eine Abfindungssumme auszahlen und suchten auswärts Unterkunft. Glücklicherweise hielt diese Stimmung nicht allzu lang an und die Auflösung wurde nicht in Ausführung gebracht. Doch verzog sich der Wiederbeginn der Vorstellungen, die der Sommerferien wegen gerade damals suspendirt gewesen waren, bis Ende Oktober. Der Abgang hatte aber nicht ausschließlich leicht ersetzbare Kräfte getroffen. Auch der Musikdirektor Molique, obgleich fest angestellt, hatte seine Entlassung genommen, weil der einmal erschütterte Boden ihm nicht mehr sicher genug war. Er ging nach London, wo ihm für sich und seine Familie eine einträglichere Zukunft zu winken schien. Seine Stelle im Orchester nahm jetzt sein genialer Schüler Keller und nach diesem der Kammer=

virtuos Konzertmeister Singer ein. Dennoch trug das Ausscheiden Molique's den Keim zu weiteren bedauerlichen Vorgängen in sich. Nicht gar lange nach seinem Weggang wurde in der Person des Liederkomponisten Kücken ein zweiter Kapellmeister angestellt, was Lindpaintner um so tiefer schmerzte, als er darüber nicht zu Rath gezogen worden war. Eine Beihilfe wäre ihm schon recht gewesen, da er in ein Lebensalter getreten war, in welchem es wünschenswerth ist, nicht die ganze Last eines schweren Amtes allein tragen zu müssen. Auf die vergleichende Bemerkung eines Bekannten, daß ja auch Ludwig (dem berühmten damaligen Leibarzt) ein Assistent beigegeben worden sei, erwiderte er: "man hat ihm aber auch wieder einen Arzt und keinen Barbier an die Seite gesetzt." Zu seiner Unterstützung hätte er vornehmlich eine jugendliche Kraft gewünscht, die sich neben ihm nach und nach zur Höhe der Aufgabe heraufgebildet hätte. Bei Kücken, welcher durch seine Kompositionen von Liedern leichterer Gattung einen gewissen Ruf und in Folge desselben auch ein bedeutendes Selbstbewußtsein besitzen mochte, war keine Unterordnung unter den Altmeister vorauszusetzen, obgleich dieser neue Kollege noch nie zuvor eine Kapelle selbstständig geleitet hatte. Konflikte waren daher unter diesen Umständen fast unvermeidlich. Doch ging die Sache, wenigstens äußerlich, leidlicher als befürchtet worden war, indem Lindpaintner das Orchester unter seiner starken Hand behielt und Kücken hauptsächlich des Gesangs sich anzunehmen und die Spielopern zu leiten hatte, von denen mehrere mit nachhaltigem Erfolg in Scene gingen, wie u. a. "Die Krondiamanten." Kückens eigene komische Oper "Der Prätendent" fiel durchaus ab, als neuer Beweis des großen Unterschieds zwischen Lieder- und Opernkomposition. Dieses Verhältniß dauerte indeß nicht allzulange. Lindpaintner erkrankte sehr schwer und starb an einer rasch verlaufenden Herzbeutelwassersucht, während der Sommerferien von 1856, die er in Wasserburg am Bodensee zubrachte und wo er auch begraben liegt. Nun stand Kücken allein und Jedermann erwartete, der Intendant werde auf Herbeiziehen einer dem Verstorbenen ebenbürtigen Kraft dringen, indem ihm die Unzulänglichkeit des zweiten Kapellmeisters doch nicht wohl ganz entgangen sein sollte, wie man meinte. Dieß war aber dennoch der Fall und Kücken trat allein die Erbschaft an, in der Ueberzeugung, der Stellung gewachsen zu sein. An Eifer ließ er es auch nicht fehlen und hielt Proben über Proben, sehr häufig blos zu seiner eigenen Einübung. Die Mitglieder des Orchesters gingen aber darüber fast zu Grunde und das Zusammenspiel litt derart noth, daß nahezu keine Produktion ohne merkliche Verstöße ablief, trotz der gelben Glacehandschuhe, ohne welche Kücken niemals dirigirte. Diesem Uebelstand mußte ein Ende gemacht werden, was durch das Engagement Eckert's geschah, der von Wien hieher berufen und fest angestellt wurde. Dadurch fühlte sich aber Kücken so gekränkt, daß er, obgleich pensionsberechtigt, seine Entlassung nahm. Sein rasches Verfahren mag er wohl später bedauert haben, denn ruhigere Ueberlegung mußte ihm klar machen, daß er auf dem ihm ursprünglich zugewiesenen Felde, gerade neben einem Meister wie Eckert, im Gebiete des Gesangs und der leichtern Musik noch Vieles hätte wirken können, wobei er ein dankbares Publikum gefunden hätte. Beide hätten sich gegenseitig ergänzt, da Eckert sein Hauptaugenmerk auf das Orchester gerichtet hielt und um die Sänger sich wenig kümmerte. Hatte Kücken zu viele Proben gehalten, so hielt Eckert zu wenige, indem er häufig erst in der Hauptprobe den Dirigentenstuhl bestieg, vor welcher also keine Verständigung zwischen ihm und den Sängern stattgefunden hatte. Daß daraus mancherlei Inkonvenienzen entstehen mußten, begreift sich leicht und Sache der Intendanz wäre es gewesen dieser Gepflogenheit ein Ende zu machen.

Daneben gab es aber noch andere Veranlassungen, die zu Klagen führten, namentlich von dem Zeitpunkt an, in welchem Eckert in die Ehe getreten war, denen ebenfalls von der vorgesetzten Behörde abzuhelfen gewesen wäre, was aber unterblieb, weil Baron von Gall demselben Zauber erlag wie der Gatte. Die Folge davon war gegenseitige Unzufriedenheit welche mit der Pensionirung Eckert's endigte. Mit ihm schied eine bedeutende Kraft, welche zu erhalten Aufgabe des Intendanten gewesen wäre; darin zeigte sich aber die Hauptschwäche der damaligen Bühnenleitung, daß ein Theil der Untergebenen nur den strammen Vorgesetzten, ein anderer aber stets den liebenswürdigen Kavalier in Baron von Gall kennen lernte, was nothwendiger Weise zu Eifersüchteleien führen mußte, die ein kollegialisches Zusammenwirken unmöglich machten. Diesen Rivalitäten wird man zwar auf allen Bühnen begegnen, aber ein Leiter, der mit Kunstsinn und Kenntniß einen festen Charakter, Zuverlässigkeit und Geradheit verbindet, vermag dieselben niederzuhalten; ein solcher wird stets den besser gesinnten Theil seiner Mitglieder für sich haben und mit diesen das durchsetzen, was er für nothwendig und recht hält. Man muß sein Zürnen fürchten, weil man sich nicht verhehlen kann, daß er das Richtige will und nur dem Ziele zustrebt, das er im Interesse der Kunst und des Instituts sich gesteckt hat. Das Ziel muß aber auch erkennbar sein, das sich durch das Bestreben kund gibt, neben dem guten Alten das beste Neue möglichst rasch und in gerundetster Form auf die

Bretter zu bringen. Hiezu die tauglichsten Künstler auszuwählen ist seine Sache. Daß es an solchen hier nicht fehlte, beweist das Verzeichniß der tüchtigen Kräfte welche zu Gebot standen. Ob aber mit diesen Entsprechendes geleistet wurde, ließe sich unwiderleglich durch das damalige Repertoir beantworten.

Auch an Regisseuren war kein Mangel, von denen für jeden Zweig der Darstellungen einer vorhanden war, Löwe, Grunert, Gerstel, Pezold. Es vertheilte sich unter sie Tragödie, Schauspiel und feineres Lustspiel, Schwänke, Possen und Zauberstücke, komische Oper und Liederspiele, seriöse und große Opern. Für letztere war August Lewald angestellt worden, der damit eine Etape erreichte, nach der er lange zuvor gestrebt hatte. Im Jahr 1834 war er zur Zeit der Anwesenheit der Naturforscher nach Stuttgart gekommen und hatte bald darauf, auf Seydelmann's Empfehlung (über den er eine panegyrische Broschüre geschrieben, von der er aber später nichts mehr wissen wollte), von einer Buchhandlung, die mit Gründung eines belletristischen Journals umging, die Leitung desselben übertragen erhalten. Es war dieß die „Europa" mit der er später nach Baden übersiedeln mußte, nachdem dieselbe an eine Handlung in Karlsruhe verkauft worden war. Man kannte daher Lewald wohl als Schriftsteller, wußte aber im Allgemeinen nichts davon, daß er früher Schauspieler und Soufleur bei kleinen Bühnen gewesen war. Deßhalb wunderte man sich über seine Verwendung bei der Oper, da nicht nur bekannt war, daß er von Musik keine Kenntniß hatte, sondern auch daß er während seines Verweilens in Baden über Personen und Verhältnisse in Württemberg sich in einer Weise vielfach öffentlich ausgesprochen hatte, daß man seine Anstellung hier geradezu für unmöglich zu halten berechtigt war. Während des Tages des Reichsparlaments hatte er sich aber nach Frankfurt begeben und von da Feuilleton=artige Berichte hieher geschickt, durch die er sich, scheint's, so zu insinuiren wußte, daß mit großmüthigem Ignoriren früherer Auslassungen seinem heißen Wunsche entsprochen und ihm eine Anstellung am Königlichen Hoftheater als Regisseur zu Theil wurde. Lewald's Streben war ehemals allerdings höher hinaufgegangen. Seine äußeren Verhältnisse hatten sich aber auch unterdessen sehr zu seinen Ungunsten geändert und so war dieser Posten ein wahrer Rettungsanker für ihn! Vielleicht hoffte er von da aus, bei günstiger Gelegenheit, doch das höhere, von ihm in's Auge gefaßte Ziel zu erreichen; daß dieß nicht geschah ist bekannt. Unterdessen suchte er durch Hyperloyalität Vergangenes gut zu machen. Ein Vorfall illustrirte dieses Bestreben in wahrhaft komischer Weise. In der Probe der Oper, welche als Festvorstellung zum Geburtstag des Königs Wilhelm gegeben werden sollte, fehlte der Teppich, der dem Helden des Stücks von Dienern unterbreitet werden mußte. Es hatte dieß durch irgend einen Statisten zu geschehen, an den vom Regisseur die Aufforderung erging, in Ermangelung des Teppichs, seinen Oberrock, oder was er an hatte, hiezu herzugeben. Da dieser, sowie überhaupt Niemand Lust hatte, sein Kleidungsstück dadurch verderben zu lassen, wofür nicht einmal ein Dank, geschweige eine Entschädigung zu hoffen war, da der Monarch davon doch nie etwas erfahren hätte, zog Lewald seinen Paletot aus und legte ihn mit den Worten: „das thut August Lewald für seinen König" auf den Boden. Ein sardonisches Lächeln glitt über die Lippen aller Anwesenden, namentlich des Chorpersonals, mit dem er öfters in nicht sehr glimpflicher Weise verfuhr und von welchem manchem Mitglied seine früheren Auslassungen bekannt waren.

Grobe Verstöße in Besetzung von Rollen wurden allerdings durch Sachkundige verhindert und Lewald war klug genug sich deren Einreden zu fügen, dagegen zeigte er sich um so hartnäckiger in scenischen und Kostümanordnungen, die er sich einmal ausgesonnen hatte, wie barock sie auch sein mochten. So ließ er in „Johann von Paris" das Ritornell nach dem Lied des Pagen mit der großen Trommel begleiten, welche auf der Bühne von einem Bauern geschlagen werden mußte. So werde es in Spanien gehalten, behauptete er, und Kücken ließ es hingehen. Es mag dieß richtig sein, aber nicht alles, was in einem Lande üblich ist, ist ästhetisch. Die schöne Nummer wurde dadurch verdorben. Ebenso verhält es sich mit dem Puppenkasten, den er in der Marktscene im dritten Akt der „Stummen von Portici" auf die Bretter brachte. In „Othello" von Rossini kleidete er die Senatoren in Talare und ließ sie hohe Barets aufsetzen, so daß sie wie polnische Juden aussahen. Dieser Anzug mag historisch treu sein, ist aber höchst unkleidsam und eine Abweichung wäre um so mehr angezeigt gewesen, als das übrige Personal nichts weniger als geschichtlich treu kostümirt war. Noch manche andere Anordnungen dieser Art ließen sich anführen, doch mögen diese genügen, da schon mehr als genug über das Walten dieses Regisseurs gesagt wurde. Es war dies aber deßhalb geboten, weil sich daraus erkennen läßt, wie viel ein Einzelner sich herausnehmen durfte, ohne daß ihm von der Bühnenleitung entgegengetreten wurde. Das Beispiel wirkte ansteckend und übte einen nichts weniger als günstigen Einfluß auf die Disciplin im Allgemeinen. Sehr leicht läßt sich jedenfalls daraus schließen, in welcher Weise ein Mann dieser Art in dem Komite wirkte, welches Baron von Gall gebildet hatte, in welchem die oben genannten Regisseure, die beiden Kapellmeister, jetzt Abert und Doppler, der jeweilige Balletmeister, Opfermann, Horschelt Sohn, Ambrogio, wie sie eben aufeinander folgten, und nach dem Weggang des Legationsraths Dingelstedt, Bibliothekar des Königs, der still= schweigend als Dramaturg fungirende Gatte der Schauspielerin Kettel das Wochenrepertoir feststellten und sonstige Bühnen= angelegenheiten besprachen und beriethen. Ein solches Komite, eine Art berathenden Kollegiums, kann Ersprießliches leisten, wenn dessen Präsident, der Intendant, auf der Höhe seiner Aufgabe über den Parteien steht und konsequent in seiner Handlungsweise, nach keiner Seite Versprechungen macht, die er nicht halten will und kann, oder zu Konzessionen an einzelne Mitglieder sich herbeiläßt, die andere verletzen oder unzufrieden machen. Treffen aber diese Vorbedingungen nicht zu, so ist der Vorstand nicht mehr Herr im Hause und kann der Intrigue und Unbotmäßigkeit nicht mit der Entschieden= heit entgegentreten, die bei einer Bühnenleitung absolut noth= wendig ist. Einzelne Mitglieder nehmen sich dann Freiheiten heraus, die, weil sie ungestraft hingehen, von anderen nachge= ahmt werden, wodurch eine Art von Anarchie entsteht, welche auf die Vorstellungen selbst, sowie auf das Repertoir ihre ver= derbliche Wirkung übt. Es fehlt an der Einheit des Zu= sammenspiels, das kein Regisseur, selbst mit dem besten Willen zu Stande zu bringen vermag, weil er nicht nach allen Seiten hin durchgreifend auftreten kann, oder, wenn er es thut, beim Chef nicht nur keine Unterstützung findet, sondern am Ende gar noch desavouirt wird. Oder, wie kann ein Repertoir festgehalten werden, wenn Mitgliedern nachgesehen wird, daß sie Rollen, die ihnen nicht konveniren, zurückschicken, oder, wenn sie dieß nicht thun wollen, sich unpäßlich melden und dieses Mittel ihnen gar zu leicht gemacht wird. Von wirklicher Feststellung eines Repertoirs kann unter solchen Umständen nie die Rede sein und das geflügelte Wort wird zur Wahrheit, welches sagt: unter Repertoir versteht man die Aufzählung der Stücke, welche demnächst nicht gegeben werden. Zustände dieser Art zeigten sich in den letzten Jahren der Amtsführung des Barons von Gall; es fehlte an einem Herrn, dagegen gab es mehrere Herrchen, von denen jeder auf eigene Faust handelte oder wenigstens so zu handeln sich bestrebte. Dazu kam noch ein anderer Uebelstand, der sich durch seine Rückwirkung auf die Bühne sehr empfindlich bemerkbar machte. Es war dieß die ungemeine Liberalität, mit der Freibillete vertheilt wurden. Dieß machten sich einzelne Mitglieder zu Nutzen und wendeten dieselben Leuten zu, die ihnen dafür als Claqueurs Dienste leisten mußten. Bei richtiger Vertheilung im Saal beherrschten sie das Publikum und gaben den Ton an. Die Beifallsbezeugungen, die ehemals ein freiwilliger Tribut für gediegene Leistungen gewesen, wurden nun auf künstlichem Wege errungen. So lange die Beschränkung bestand, daß einheimische Mitglieder dem Hervorruf nicht folgen durften und dieser deßhalb unterlassen wurde, war dem Unfug der Claque wenigstens eine gewisse Grenze gesteckt. Nach Aufhebung dieses Verbots aber nahm er einen Umfang an, welcher nur verderblich für die Kunst sein kann. Beim energischen Einschreiten von Seiten der Intendanz hätte dieses leidige Treiben nimmermehr in einer Weise ausarten können, die den Werth dieser Auszeichnung auf Null herabgedrückt hat. Es wäre dieß so einfach durch die wohl an den meisten Hofbühnen geltende Bestimmung zu bewerkstelligen gewesen, daß kein Mitglied auf offener Scene oder überhaupt nur am Schlusse der Vorstellung auf den Ruf erscheinen darf.

Baron von Gall versäumte es Vorkehrungen gegen eine Strömung zu treffen, deren Herannahen unschwer zu erkennen war, und verpflanzte dadurch die Anarchie auf der Bühne auch in den Saal. Wie sehr dadurch die Kunst geschädigt werde, scheint er nicht genügend erwogen zu haben. Ueber die Zweckmäßigkeit der von Baron von Gall durchgeführten Ablösung der Benefizvorstellungen läßt sich streiten. Sicher aber hatten sie das Gute, daß die hiezu berechtigten Mitglieder bemüht waren, das Jahr hindurch durch guten Willen und Hingebung sich das Wohlwollen des Publikums zu erhalten und ihm in ihrem Interesse etwas Neues und Piquantes zu bieten. Die Schattenseite war allerdings die dadurch herbeigeführte Erschwerung der Feststellung des Repertoirs, die aber durch Vermehrung der Novitäten genügend aufgewogen wurde. Ein mächtiges Mittel gegen Lässigkeit wurde durch Umwandlung einer unsichern in eine sichere Einnahme aus der Hand gegeben. Ein unbestrittenes Verdienst um den guten Geschmack erwarb er sich aber dadurch, daß er die Benennungen von Madmoiselle und Madame auf dem Theaterzettel in Fräulein und Frau verwandelte. Es geschah dieß übrigens erst in den letzten Jahren seiner Amtsführung und nachdem lange Zeit die Damen des Hoftheaters in dieser Hinsicht hinter denen in Berg und Kannstatt hatten zurückstehen müssen. Den größten Sprung ließ er aber das Balletpersonal machen, indem aus den früheren Figurantinnen oder Korpstänzerinnen auf einmal Damen vom Balletkorps wurden. Vergleicht man das mehr als zwanzigjährige Wirken des Baron von Gall mit dem seiner Vorgänger, so ergiebt sich aus dem Angeführten der Unterschied zwischen diesen und ihm von selbst und bestätigt auf's Neue den alten Satz, daß zwischen Theorie und Praxis ein großer Unterschied besteht, und weil

Baron von Gall so häufig gerade das Gegentheil von dem that, was er in seiner Broschüre als unumgänglich nothwendig hervorgehoben hat, ist man versucht ihn als den Intendanten wie er nicht sein soll, zu bezeichnen.

Aus diesem Grunde wurde auch, nicht lange nach dem Regierungsantritt des Königs Karl, dem Chef des Königlichen Kabinets, Freiherrn von Egloffstein, eine Art von Oberaufsicht über das Theater übertragen. Eine förmliche Ernennung mit öffentlicher Bekanntmachung, unter Angabe der Kompetenz dieser Stellung, fand aber nicht statt; auch gehört dieses Ereigniß der neuesten Zeit an und somit nicht in den Rahmen dieser Gedenkblätter. Der Vollständigkeit wegen darf es aber doch nicht ganz mit Stillschweigen übergangen werden.

Im April 1869 wurde Baron v. Gall von der Hoftheater-Intendanz entbunden und zum Cermonienmeister ernannt. Damit beginnt ein Zeitabschnitt der nicht mehr der Erinnerung, sondern der Gegenwart angehört und deßhalb eine Darstellung für sich zu beanspruchen hat.

## Register

Braun, 46
Batalani 34
Bonzi 54
Brauß, Med. 67
Bohler 59
Böring 67
Eßlair 16–19
Topeka 15 f.
Lieb-Blümauer 75
Gall 72
Garbeal 64
Gnaith 82    Großmann, Mlle., 63.
Guhr 59
Gürzer 24–28. 54
Hamburg 50
Haus, Mlle. 59
Hagh, Mlle. 53
Häger 63
  „ , Herzog 86
Horzinsky 64
Hub 22
Hühner 72
Lablache 82
Lange 62
Lehr, von, 49
Leuthner, von 59
Leopold 90
Löwe 69
Lindgrübner 50 f.
Liszt 49 f.
Mallinger 75
Marschalk 80 f.
Munier 41, 43
Mayner 62

Mindler 43, 44, 54
Moritz 62, 68
Neubauer 25
Hahn, Mlle 61
Ingold 46 f. 48. 54
Pillwitz 25
Pittrich, von 54
Plorb 42, 54
Schmidt, Fried. 46, 49
  „    , Auguste 47 f.
Seydelmann 60 f. • Bertheim 84
Safter 75
Stern, Carl 52. 54
Storch 35. 36.
Stiansky 55. 57
Silbenrauch, Mlle. 49
Taglioni 55 ff.
Tarnheim 68
Touring 50    Wesser 61
Weinreich 11–12. 31. 41
Wächter 39 f.
Walburg 49
Waldhäuser 70
Wenzel, Med. 48

—

Lichtfelde e. Bl. – 20/4 78.

—

Weyn. im lit Centralbl. 1878